历史大有看头

趣谈中国史上的那些事儿

主编 谷律青

时代文艺出版社
SHIDAI WENYI CHUBANSHE

图书在版编目（CIP）数据

趣谈中国史上的那些事儿 / 谷律青主编. -- 长春：时代文艺出版社, 2025. 6. -- (历史大有看头).
ISBN 978-7-5387-7740-6

Ⅰ.K209

中国国家版本馆CIP数据核字第2025Q2Z413号

历史大有看头
趣谈中国史上的那些事儿
QUTAN ZHONGGUO SHI SHANG DE NAXIE SHIER

谷律青　主编

出 品 人：吴　刚
产品总监：郝秋月
责任编辑：杜佳钰
封面设计：书心瞬意
排版制作：文贤阁

出版发行：时代文艺出版社
地　　址：长春市福祉大路5788号　龙腾国际大厦A座15层 （130118）
电　　话：0431-81629751（总编办）　　0431-81629758（营销部）
官方微博：weibo.com/tlapress
开　　本：710mm×1000mm　1/16
印　　张：12
字　　数：125千字
印　　刷：三河市嵩川印刷有限公司
版　　次：2025年6月第1版
印　　次：2025年6月第1次印刷
书　　号：ISBN 978-7-5387-7740-6
定　　价：59.80元

图书如有印装错误　请与印厂联系调换　（电话：13831657309）

前言

历史虽然已经成为过去。然而，当我们拂去时光的厚尘，才会发现数百上千年前那些远去的人、事、物……所有的一切仿佛就发生在昨天，与我们擦肩而过或相对凝视。

西方哲人培根说："读史使人明智。"中国的史籍浩如烟海，其规模之大、内容之翔实、脉络之清晰，令人叹为观止。我们要想尽读中国史籍，无疑是不现实的。尤其是正史巨著，读来费时耗力，让人兴趣索然。

要让历史变得有看头，就要让历史人物、历史事件和历史知识变得立体、鲜活、生动起来。本书深入挖掘了大量历史谜题、奇闻逸事和秘闻掌故，辑集了大量为人遗忘、扭曲、误读的历史资料，在读者面前铺展开一幅趣味盎然、别开生面的精彩画卷。

历史的长河中，谜团重重。就拿秦始皇来说，他曾网罗六国美人纳入咸阳宫中，却为何没有立皇后？他令人铸造的十二金人在哪里？他大力兴建的阿房宫到底有没有被项羽付之一炬？类似的谜团还有很多，例如女皇武则天的无字碑之谜、"天下第一行书"《兰亭序》的下落之谜、宋太祖赵匡胤的死亡之谜等，这些谜团不仅仅是历史的留白，更是激发我们探索未知、追寻真相的动力。

史书中数不清的奇闻逸事，是历史中最为鲜活的元素。您知道孔子竟然是驾车高手吗？王莽为什么被称为"穿越者"呢？隋文帝"怕老婆"的传言因何而起?"负心汉"陈世美竟然有原型,而且是被人恶意抹黑了?蒲松龄竟然有一位"柏拉图式恋人"?……这些故事让历史人物从刻板的记载中走出来,成为有血有肉、情感丰富的个体。

一些趣味盎然的历史小知识,是了解历史的钥匙,更是汲取古人智慧的源泉。您知道禅让制在历史上曾引起多少争议吗?能让帝王名留青史的封禅泰山,为何让宋真宗成为笑柄?古代皇帝选妃、吃饭、就寝等都有怎样的讲究?古人是如何"点外卖"的?……这些看似零散的小知识,却能让我们更加深入细致地了解尘封历史背后的曲折和隐秘。

《历史大有看头》系列是历史入门读物,编者希望历史爱好者能在书中找到乐趣、收获知识,感受中国历史无穷的魅力和深厚的底蕴。翻开《历史大有看头》,我们将看到一个异彩纷呈、震撼人心的别样世界。

目录

第一章　权位斗争的惊天内幕

尧舜禅让，还是"尧幽囚，舜野死" ... 002
周公辅政成王，有没有篡位之心 ... 004
秦始皇为什么不立皇后 ... 005
西汉的巫蛊之祸是怎样的权力阴谋 ... 007
一手遮天的曹操为什么始终不称帝 ... 009
晋武帝为何传位傻儿子 ... 012
唐宣宗如何靠装傻得到了皇位 ... 013
宋太祖与杜太后真的订过"金匮之盟"吗 ... 014
九子夺嫡到底有多残酷 ... 015
慈禧为何不废掉光绪帝 ... 016

第二章　古代帝王的奇葩秘史

秦始皇为何痴迷求仙问道 ... 018

汉惠帝刘盈为何抑郁而终	022
王莽真的是"穿越者"吗	023
梁武帝多次出家为僧是何故	024
隋文帝真的很怕老婆吗	025
辽太宗死后为什么会被制成木乃伊	026
宋真宗赵恒为何热衷封禅泰山	027
宋徽宗赵佶被俘后的生活如何	029
朱棣为什么要修改正史不认生母	031
万历皇帝数十年不上朝原因何在	034
乾隆皇帝为何多次下江南	035

第三章 古代后宫的奇闻逸事

历代皇帝选妃有何内幕	038
妃子争宠有什么秘密招数	039
妲己真的是红颜祸水吗	041
陈阿娇的"金屋藏娇"为何以悲剧收场	042
赵飞燕姐妹是如何魅惑汉成帝的	043
丑陋的贾南风为什么能够权倾朝野	045
萧皇后的一生经历了多少帝王	048
武媚娘是怎样登上皇位的	049
杨贵妃和安禄山的"绯闻"是真的吗	053
万贵妃为何能让明宪宗独宠	055

第四章 谋略背后的历史玄机

秦晋之好背后有怎样的政治交易	058
王莽篡汉的阴谋是如何得逞的	060
董卓之乱背后的政治盘算	061
司马懿的隐忍之术有多厉害	063
贾诩的自保之道是什么	064
安史之乱是安禄山的野心还是另有阴谋	065
甘露之变为何以失败告终	067
王安石变法为何阻力重重	068
明末"红丸案"背后有什么阴谋	070
乾隆修《四库全书》的真实目的是什么	073

第五章 名臣将相的另一副面孔

关羽真的也曾"为爱痴狂"吗	076
谁靠"说梦话"当上了宰相	077
冯道为何被称为"不倒翁"	078
铁面无私的包相爷其实不是宰相	080
秦桧真是金国派来的奸细吗	082
岳母有没有在岳飞背上刺字	085
徐达真的是因吃蒸鹅而死吗	086
吴三桂真的"冲冠一怒为红颜"吗	087

李鸿章真的是卖国贼吗　　　　　　　089

第六章　历代名人做过的生猛事

为什么说孔夫子很"能打"呢　　　　　092
刘禅不是"扶不起的阿斗"　　　　　　094
陶渊明是真的喜欢田园生活吗　　　　　096
王羲之爱鹅成痴为哪般　　　　　　　　099
李白因捞月而死吗　　　　　　　　　　100
杜甫是被撑死的吗　　　　　　　　　　102
朱熹纳尼姑为妾是真的吗　　　　　　　104
沈万三真的有聚宝盆吗　　　　　　　　105
唐伯虎究竟点过秋香没有　　　　　　　106
徐霞客游历天下的钱是哪儿来的　　　　108
蒲松龄的"柏拉图式恋人"是谁　　　　109

第七章　令人咋舌的颠覆史实

商纣王真的是昏君吗　　　　　　　　　112
周幽王真的"烽火戏诸侯"了吗　　　　114
项羽真的烧过阿房宫吗　　　　　　　　116
赵高可能根本不是太监　　　　　　　　119
周瑜并非善妒小人　　　　　　　　　　120
程咬金只会三板斧吗　　　　　　　　　121

武则天到底有没有掐死自己亲生女儿　　123
潘仁美真的是奸臣吗　　126
狸猫换太子是真实事件吗　　127
陈世美真的是负心汉吗　　128

第八章　皇宫内幕的惊天爆料

为什么说帝王是"短命职业"　　130
古代皇帝是怎么吃饭的　　133
皇帝的寝宫有多少秘密　　135
古代皇帝如何攒"私房钱"　　137
古代皇子是怎么接受教育的　　140
太医给皇帝看病的规矩有哪些　　141
皇宫的门禁有多严　　143
皇宫中的冷宫有多可怕　　144
太监如何才能"出人头地"　　145
宫女的生活有多么悲惨　　146

第九章　拍案称奇的历史趣闻

古人为何总是"秋后问斩"　　148
黄色如何成为中国古代皇权的象征　　149
宋朝的官帽为什么长着"长翅膀"　　153
中国古代有外卖吗　　155

古代"剩男剩女"竟然会被罚款　　157
"离婚协议书"起源于哪个朝代　　159
"千金"原本是用来指男人的　　160
"衣冠禽兽"原本是夸人的　　162
古代"跳槽"并非换工作　　163
车裂并非五马分尸　　164

第十章　争论不休的千古谜团

秦始皇的十二金人哪儿去了　　166
《兰亭序》是否藏在唐太宗的陵墓里　　167
武则天为什么要立无字碑　　170
宋太祖赵匡胤猝死之谜　　172
元代皇帝为什么没有陵墓　　174
建文帝的下落到底是怎样的　　175
太平天国的"圣库宝藏"是否真的存在　　178
为什么有人认为三星堆是外星文明　　179
盛极一时的楼兰古城因何消失　　180
传国重器九鼎真的还在水下吗　　182

第一章
DIYIZHANG

权位斗争的惊天内幕

尧舜禅让，还是"尧幽囚，舜野死"

尧，中华上古时期的杰出君主，他以其非凡的智慧与胸襟，超越了家族利益的束缚，毅然举荐德才兼备的舜为继任者，这就是被人们传为美谈的"尧舜禅让"。

"尧舜禅让"的典故可见于《史记》《尚书·尧典》等典籍，既反映出原始社会民主的推选制度，又体现出任人唯贤、大公无私的传统美德。

然而，西晋时期魏王墓中出土的史书《竹书纪年》却对"尧舜禅让"有着截然不同的记载。书中记录舜将尧囚禁于平阳，并且不让他与儿子丹朱相见。这显然颠覆了"尧舜禅让"的传统观念，揭示了舜很可能是通过武力逼迫的方式夺取了皇位。

许多学者也对"尧舜禅让"提出了质疑。荀子认为："夫曰尧舜禅让，是虚言也，是浅者之传，陋者之说也。"荀子的学生韩非子更是将舜代尧的行为解释为残忍的"人臣弑君"。

此外，《史记正义》的作者张守节也引用了《竹书纪年》的记载，进一步证实了舜囚禁尧并阻止其与丹朱相见的事实。

舜在登基之后，果断地剔除了尧在位时的一批重臣，包括共工、鲧与驩兜等人，从而成功地使天下归心、万民臣服。尽管舜成功地登临帝位，却时常感到担忧，他担心有人取代自己的地位，那人便是鲧之子——禹。

当禹凭借超凡的智慧与不懈的努力成功治理洪水，成为万民敬仰的英雄时，他已不再甘愿受舜的驱使。关于舜的去世，《史记》虽记载其病逝于南巡途中，但《竹书纪年》却描绘了一幅截然不同的情形：年迈体衰的舜被禹逼迫至南方巡查，最终命丧途中。这一记载无疑为舜的离世增添了几分扑朔迷离的色彩。

然而，"禅让"这一理想化的政治制度，在现实中也许未真正存在过。自轩辕黄帝以来，子承父位的传统便被严格遵循。孔子在历史的长河中寻觅着非血缘传承的典范，最终将目光投向了尧、舜、禹。他以此三人为例，大力倡导"天下德者居之"的理念，希望以此教育弟子、游说诸侯、推广礼乐制度与道统思想。在儒家的道统中，"禅让"被视为最理想的政治举措。尧让位于舜，舜再传位于禹，这一系列事件无疑彰显了道统对于政统的超越和引领。

然而，古老的禅让制度和德治理念最终还是破灭了。纵观历史长河中的无数次权力斗争，我们不难发现，越是乱世，"禅让"的戏码就越发精彩。

周公辅政成王，有没有篡位之心

周公旦是周文王的第四子、周武王之弟，他是西周初期杰出的政治家、军事家，其思想体系也对后世儒学产生了深远影响，被尊为儒学的奠基人。

周公最为人称道的就是辅佐周成王的事迹。周武王死后，他尽心竭力辅佐幼主，稳定政局、平定叛乱、制定礼乐制度，让西周的统治得以稳定下来。

不过，有人认为周公是垂涎天子权柄的。《荀子》《淮南子》《礼记》等古籍均明确指出周公曾"履天子之籍""践天子之位"。此外，还有人认为周公可能曾称王，《尚书·大诰》中出现的"王"将周文王称作"宁王""宁考"。"考"字，在古语中专指已故的父亲，能够称文王为"考"的"王"，非周公莫属。

不过，就算周公真的曾经称王，但他在周成王长大后还政是不争的事实。周公究竟是为了国家而光明磊落地代理王政，还是真的怀揣着篡位的野心，只是因种种缘由阴谋未能得逞？只怕要等更多史料问世才能一探究竟了。

秦始皇为什么不立皇后

公元前 221 年，秦始皇嬴政横扫六国，一统天下，成为中国历史上第一个称皇帝的君主。然而，这位雄才大略的帝王，终其一生都未立皇后。这背后究竟隐藏着怎样的故事呢？

秦始皇的成长历程充满了坎坷与挑战。他出生于赵国邯郸，作为人质之子，自幼便生活在动荡不安的环境中。在赵国的日子里，他目睹了战争的残酷，感受到了权力的争斗，也体会到了人情冷暖，这些经历塑造了他坚韧不拔的性格和对权力强烈的欲望。

回到秦国后，嬴政在吕不韦等大臣的辅佐下，逐渐成长为一位有抱负的君主。他以强大的军事力量和卓越的政治智慧，先后灭掉六国，实现了天下一统的伟大梦想。然而，在这个过程中，他也看到了后宫争斗的丑恶和女人对权力的渴望。

嬴政的母亲赵姬，原本是吕不韦的姬妾，后来被送给了秦庄襄王。庄襄王去世后，赵姬成为太后，但她却与吕不韦旧情复燃，甚至还与嫪毐私通，生下了两个孩子。嫪毐仗着太后的宠爱，权力日益膨胀，竟然企图发动叛乱，夺取政权。这件事情给了嬴政极大的打击，让他对女人产生了深深的不信任。

在秦始皇看来，皇后作为后宫之主，拥有着巨大的权力。如果立了皇后，她很可能会像自己的母亲一样，与外臣联合，干预朝政，甚至威胁到自己的统治。因此，他决定不立皇后，以防止后宫干政的情况发生。

此外，秦始皇的统一大业也让他无暇顾及立皇后之事。统一六国后，他面临着诸多问题和挑战，如推行郡县制、统一度量衡、修筑长城等。这些重大的政治、经济和军事任务占据了他大部分的时间和精力，让他没有心思去考虑立皇后的问题。

而且，秦始皇自视甚高，认为自己是天下之主，无人能与之匹配。他对皇后的要求极高，不仅要有出众的容貌和品德，还要有卓越的政治才能和智慧。他曾经巡视天下，希望能找到一个让他满意的女子，但始终未能如愿。

秦始皇不立皇后之举，也对秦朝的政治产生了深远的影响。由于没有皇后，后宫缺乏一个有效的管理者，导致后宫争斗不断，秩序混乱。

然而，秦始皇的决定也并非没有道理。在那个时代，后宫干政而引发社会动荡的情况屡见不鲜。

总的来说，秦始皇不立皇后是多种因素共同作用的结果。他的成长经历、母亲的行为、统一大业的压力以及对皇后的高要求，都让他作出了这个决定。虽然这个决定在当时引起了一些争议，但从历史的角度来看，它也反映了秦始皇的政治智慧和对权力的掌控欲。如今，两千多年过去了，秦始皇不立皇后的故事依然引发着人们去思考和探讨。

西汉的巫蛊之祸是怎样的权力阴谋

汉武帝刘彻一生功过参半，其丰功伟绩足以掩盖穷兵黩武的过失。然而，"巫蛊之祸"却如同阴霾一般笼罩在他的千古英名之上，令人唏嘘不已。西汉巫蛊之祸，导火索是巫蛊之术引发了妃嫔之间的斗争。它从后宫纷争慢慢演变成整个朝廷之间的阴谋斗争，最终酿成了"太子谋反"的千古奇冤，导致汉武帝晚年妻离子散、众叛亲离，在悔恨中黯然离世。

征和元年（公元前92年）三月（此种情况的月份是阴历月份），后宫之中悄然形成了以巫蛊之术相互攻讦的暗流。妃嫔们利用巫蛊之术争宠夺爱，在宫中已是司空见惯的事情，汉武帝对此也并未过多在意。然而，随着斗争的日益激烈，事态逐渐失控，妃嫔们竟开始相互诬陷对方以巫术诅咒皇上，汉武帝一怒之下，杀死了大量宫人及外戚臣子。

然而，这场风波并未就此平息。一日，汉武帝正在建章宫内养神，恍惚间见一男子持剑闯入中龙华门，而本应重兵把守的宫门却形同虚设。惊恐之余，汉武帝大声呼救，男子扔下剑，

瞬间消失无踪。这场幻觉让汉武帝惊出一身冷汗，他立即命人彻查皇宫内外，虽未寻得刺客踪迹，却在后宫及京城百姓家中搜出了大量木偶与咒符。这更坚定了汉武帝的猜疑之心，他坚信有人正利用巫术制造神魔来加害于他，"巫蛊案"就这样拉开了帷幕。

"巫蛊案"本来很快就会过去，但朝臣们却借此机会相互攻讦、党同伐异。有人诬告丞相公孙贺之子公孙敬声施用巫蛊之术诅咒皇帝，并将公孙敬声关进大牢。公孙贺救子心切，不惜抓捕阳陵大侠朱安世以图立功赎罪。

朱安世岂能坐以待毙？他利用公孙家族与皇后卫子夫的亲密关系作为反击的利器，一纸告发信将公孙敬声与阳石公主的私情及诅咒天子的罪行公之于众。汉武帝怒不可遏，将公孙家族满门抄斩，并牵连无辜的阳石公主和诸邑公主。

此时，宠臣江充抓住了汉武帝年老多疑的心理弱点。江充以替汉武帝彻查巫蛊案为由，趁机公报私仇，矛头直指自己最想扳倒的太子刘据。刘据虽识破了江充的阴谋，发动政变诛杀了江充等人，却也因此被误认为谋反，遭到了汉武帝的残酷镇压。在权力与亲情的残酷较量中，刘据兵败自尽，其母卫子夫亦含恨而终。

一年以后，汉武帝才查清楚，原来是奸臣的阴谋，害死了自己的皇后和太子。这场灾祸真正令人胆寒的，或许并非巫蛊之术本身，而是背后那深不可测的人心。

一手遮天的曹操
为什么始终不称帝

曹操，无疑是三国历史上最为浓墨重彩的人物之一。他出生于官宦世家，自幼聪慧过人。在东汉末年的乱世中，凭借着卓越的政治才能、军事谋略及领导能力逐步崛起，挟天子以令诸侯，先后击败了众多强敌，统一北方。此时的曹操，权势滔天，完全有能力称帝自立。但他为何始终没有迈出这一步呢？

其中一个重要的原因是曹操对汉室仍存有一定的敬畏之心。曹操是在汉室的名义下崛起的，在他的内心深处，或许对汉朝的正统地位还有所顾忌。他深知称帝之举将会引起极大的争议和反对，可能会使自己陷入孤立无援的境地。

此外，曹操也考虑到了政治局势的复杂性。时值天下三分，吴、蜀两国对曹操虎视眈眈。若曹操贸然称帝，很可能会给吴、蜀两国以口实，从而联合起来共同对抗他。在这种情况下，保持现状，以汉朝丞相的名义号令天下，更有利于曹操稳定局势，逐步实现自己的统一大业。

再者，曹操身边的谋士们也对他的决策产生了重要影响。

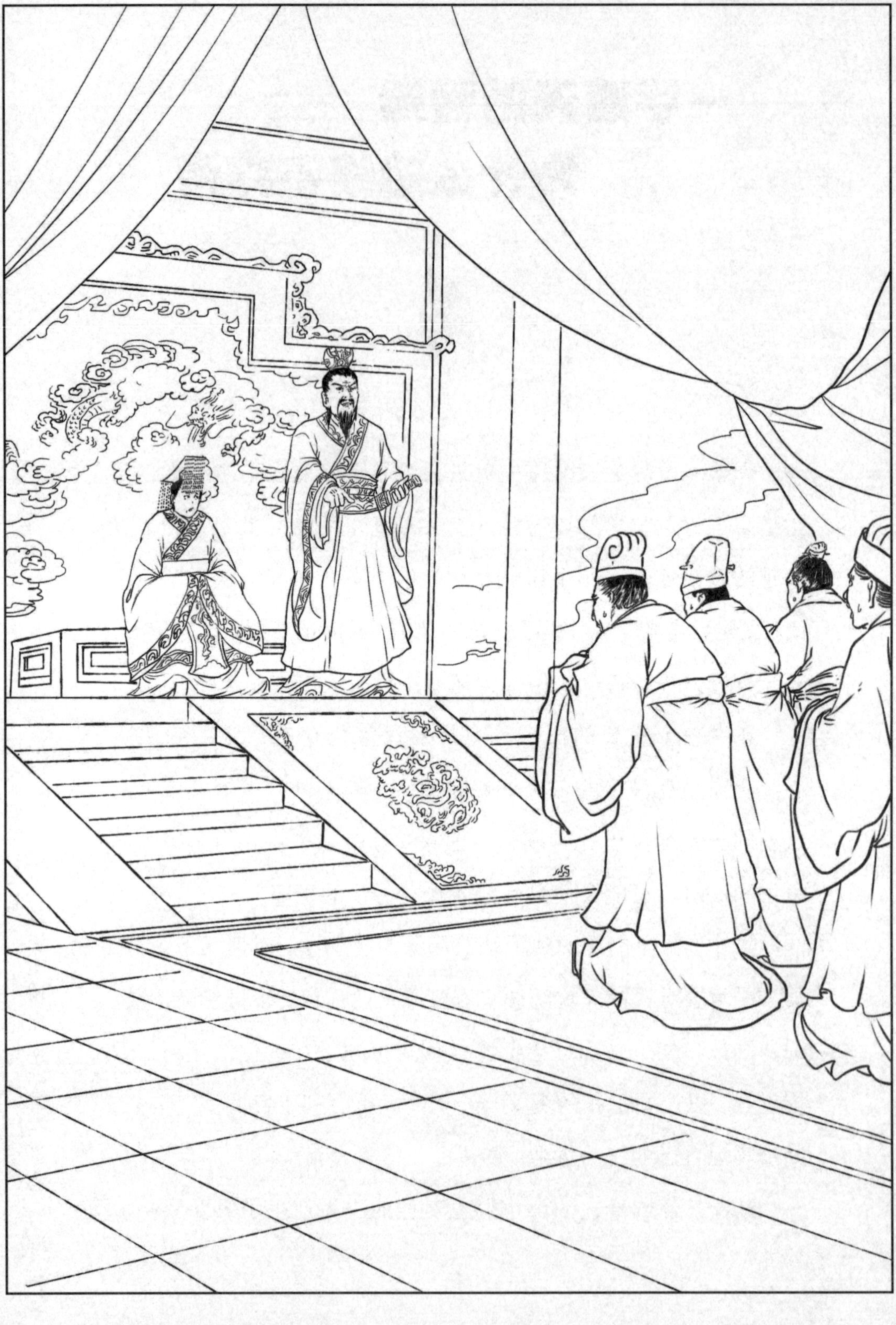

荀彧等一批忠于汉室的谋士，一直反对曹操称帝。荀彧认为曹操应该秉持忠臣之道，辅佐汉室，而不是取而代之。曹操对荀彧极为敬重，他不能不顾及荀彧等人的意见。而且，曹操也明白，一旦称帝，可能会导致内部人心不稳，许多原本支持他的人也可能会产生动摇。

从个人性格方面来看，曹操极为务实，他更注重实际的权力和统治，而不是一个虚名。他深知称帝只是一个形式，真正重要的是掌握实权。在他的统治下，北方地区政治稳定，经济繁荣，百姓安居乐业。他已实现自己的大部分政治目标，称帝对他来说并不是那么重要。

还有一个不可忽视的因素是曹操对历史的考量。他熟读史书，深知那些篡位称帝的人往往会遭到后世的诟病。曹操不想成为历史的罪人，他希望自己能够以一个相对正面的形象被后人铭记。

然而，曹操不称帝并不意味着他没有称帝的野心。他在政治、军事、经济等方面的一系列举措，都显示出他对权力的极度渴望。他"挟天子以令诸侯"，实际上已经掌握了皇帝的权力。他封公建国，加九锡，这些都是向称帝迈进的步骤。

曹操后半生都在权力的巅峰徘徊，却始终没有跨越称帝这道红线。他的选择体现出对时局的深刻洞察。虽然他没有称帝，但他的功绩和影响力却丝毫不亚于任何一位皇帝。在历史的长河中，曹操以独特的魅力和传奇的人生，成为人们津津乐道的话题。

晋武帝为何传位傻儿子

晋武帝司马炎结束了三国乱世，建立晋朝，又通过一系列的制度变革实现"太康盛世"。史载，司马炎有26个儿子，然而，这位开国之君却将自己辛苦打下的江山传给了"傻儿子"司马衷，这件事令后世百思不得其解。

有人猜测，这可能和司马衷是嫡长子有关。关于古代皇位更替，嫡长子即位被视为理所应当。而废长立幼要经过深思熟虑，因此，司马炎的两任皇后都曾出面保护司马衷。第一任皇后杨艳是司马衷的生母。据《晋书·后妃列传》记载，司马炎曾经跟皇后杨艳商量废掉司马衷遭拒。后来，皇后杨艳临终时请求司马炎让自己的堂妹杨芷当了皇后，使其充当司马衷的"保护伞"。

司马衷虽然不聪明，却有个争气的长子，叫司马遹。据说，司马遹5岁时偶遇宫中失火，不仅临危不乱，还知道保护皇上。得知此事的晋武帝这才放心将皇位传给司马衷。

然而，司马炎的决定最终却给西晋带来了巨大的灾难。司马衷继位后，史称"晋惠帝"。由于智力低下，无法处理朝政，大权逐渐落入专权跋扈的皇后贾南风手中，从而引发了使西晋元气大伤的"八王之乱"。

唐宣宗如何靠装傻得到了皇位

若论中国历史上哪位皇帝最擅长韬光养晦，那么装疯卖傻长达36年的唐宣宗李忱一定榜上有名。李忱于唐朝后期在位，是唐朝最后一位大有作为的皇帝，是唐文宗李昂的叔叔。他虽生于宫廷，却因母亲出身低微，而备受冷落。10岁时，一场突如其来的重病让李忱变得木讷、呆傻。当时宫中的人都认为李忱智力不足。

李昂登基后，大肆羞辱这位叔叔。可他的王兄李炎却认为李忱若非真傻，那便是城府极深。

后来，李炎继位后想方设法地让李忱"意外死亡"。从失足落马到坠落台阶，最后甚至派宦官把李忱扔进粪坑。然而，宦官认为李忱呆傻好控制，将其救了出来，并送入寺院为僧。

后来，李炎因长期服食丹药病逝。由于李炎没有立嗣，李忱便被宦官仇公武和马元贽等人迎回长安，做了皇帝。

登基之后的李忱仿佛脱胎换骨，很有帝王风范。原来，李忱一直在借装疯卖傻保护自己。后来，李忱励精图治，不仅为晚唐创造出"大中之治"，更在历史上留下了"小太宗"的美誉。

宋太祖与杜太后真的订过"金匮之盟"吗

宋太祖赵匡胤的生母杜太后在临终前，因担心赵匡胤若有不测，其子年幼无法坐稳江山，于是命宰相赵普代笔写下遗书，劝赵匡胤死后传位于弟弟赵光义，并将此遗书藏于金匮之中，得名"金匮之盟"。然而，后世许多学者猜测其是伪造。

北宋司马光《涑水纪闻》、南宋李焘《续资治通鉴长编》等史著虽有记载，但却找不到盟约的原文。近代史学家张荫麟在《宋太宗继统考实》中指出，"金匮之盟"系赵普伪造，理由是杜太后去世时宋太祖年轻力壮，如果再活20年，长子德昭已然不是幼主；并且如果遗诏存在，临终或死后应被开启，不应等6年后才公布，且公布的也不是原文。

然而，支持"金匮之盟"的学者指出，杜太后历经五代乱世，担忧新朝初建根基不稳，有丰富政治经验的赵光义是更理想的继承人。"金匮之盟"属皇家禁宫疑案，否定或坚信都应基于历史事实与政治背景，如今历史学家仍在通过文献研究和史料分析寻找证据，以解开这一千古谜团。

九子夺嫡到底有多残酷

清朝康熙年间，九子夺嫡残酷上演。参与的九位皇子分别是胤禔、胤礽、胤祉、胤禛、胤禩、胤禟、胤䄉、胤祥、胤禵。康熙十四年，立胤礽为皇太子，后来因其骄纵蛮横被废，引发夺嫡之争。大阿哥胤禔不被康熙喜爱，竟提议立胤禩为储君并欲害胤礽，后被胤祉揭发搞巫术而遭圈禁。胤礽虽被复立为太子，却又因结党营私再次被废，胤祉见此乱局退出竞争。四阿哥胤禛则韬光养晦，表面仁孝，暗地拉拢胤祥与朝堂中的英才。

随着胤礽再度被废，四爷党与八爷党浮出水面。胤禩出身低微但天资聪颖、待人宽和，有"八贤王"之称，然锋芒毕露引康熙不满。康熙寿辰，胤禩因送将死之鹰，惹得康熙大怒后又停其爵俸，同年胤禩患伤寒，康熙路过其园子绕道而行。病愈后胤禩无缘皇位。最终康熙驾崩，胤禛继位即雍正皇帝，八爷党惨遭清算，九阿哥、十阿哥革职监禁，十四阿哥守陵，胤禩被枷锁囚禁、削爵除籍改名"阿其那"，下场非常悲惨。

九子夺嫡尽显权力斗争之残酷无情，父子失和、兄弟不睦，恰恰印证了"最是无情帝王家"。

慈禧为何不废掉光绪帝

1898年戊戌变法失败,光绪帝被囚禁于瀛台。尽管慈禧太后手握废立大权,却至死都未对光绪帝行废黜之举。这背后,究竟隐藏着怎样的原因呢?

首先是内部原因。戊戌变法被镇压后,慈禧欲废帝另立继承人,但其心腹荣禄不愿背负骂名,建议征询各地大臣意见,又利用慈禧信算命,以签文告诫她莫轻举妄动,后呈上各地大臣不同意废帝的回复,慈禧遂搁置此事。

其次是不敢与西方列强叫板。戊戌变法时列强支持光绪,其被囚后各国表达不满抗议,京城谣传光绪遭不测时,使节要求面见,上海1200多位社会贤达联名呼吁光绪临政,否则将引发各国调兵干预,慈禧因此打消废帝念头。

第三是慈禧意识到培植傀儡皇帝不易。她立溥儁为大阿哥,但其年少气盛难掌控。溥儁生父载漪为助子夺位,借着义和团冲进紫禁城并伪造八国联军照会,要求慈禧"还政"。这一下激怒了慈禧,便向列强宣战,从而引发了八国联军侵华。在逃往西安途中,慈禧彻底放弃废黜光绪计划,流放"大阿哥",仍让光绪做牵线木偶。

第二章

古代帝王的奇葩私丽史

秦始皇为何痴迷求仙问道

公元前221年,秦始皇统一了中国,结束了自春秋以来近五百年诸侯混战的局面。公元前219年,即秦始皇统一六国的第三年,就派徐福率领童男童女,驾船出海,去海外求取长生不老药。此后又五次出巡,其中四次到达东部海边,寻求仙药。他为什么如此痴迷于求仙问道,寻求仙药呢?

首先是身体原因。据尉缭描述:"秦王为人,蜂准、长目、挚鸟膺、豺声,少恩而虎狼心。"这表明秦始皇生理上有缺陷。"蜂准"就是马鞍鼻,鼻梁凹陷;"长目"应作马目,就是眼球突出;"挚鸟膺"就是鸡胸,是软骨病的一种症状;"豺声"表明有气管炎。秦始皇从小就受到多种疾病的困扰,身体素质不太好。亲政以后,每天又要处理很多公文,可以说废寝忘食,日理万机。据说,秦始皇每天批阅的竹简数量为120斤,也有的说是200斤,约20万字。再加上吃饭等杂事,每天的时间根本不够用,必然会挤占正常的睡眠时间。长期缺乏睡眠,就会导致脾气暴躁,严重影响身心健康,使本就多病的身体过早地衰弱下来。这就使得他不得不经常考虑生与死的问题,希望找到长生不老药,以摆脱死亡的威胁。

其次是方士文化的推波助澜。秦始皇统一六国后，很多方士来到咸阳，极力鼓吹自己的学说，宣称手里有秘方，能驱鬼化邪，让人成仙。秦国本地也有很多关于神仙的传说，例如秦人的祖先造父曾为周穆王驾车，帮助他西游昆仑山，与西王母相会。秦国历代先王也有迷信神灵、祭祀鬼神的传统。秦始皇的内心自然也深受影响。于是，在这种思想鼓吹下，秦始皇先是派侯生、卢生去寻找仙药，结果一无所获；又派徐福两次驾船出海，寻访长生不老药。

再次是个性和政治因素的纠缠。秦始皇13岁登基，面对的却是大权旁落的局面，丞相吕不韦把持朝政，生母又与嫪毐通奸，华阳太后也暗中操纵权柄……秦始皇费尽心机，与他们进行殊死争斗，终于将他们一一铲除，把政权牢牢把控在自己手中。在执政过程中，又先后遭到多次暗杀，如荆轲刺秦王、博浪沙锥击事件、高渐离砸筑等，都使他几乎丧命。这更激起了秦始皇的好胜之心，也使他更加珍惜这来之不易的权力和地位。

最后是对死亡的恐惧和对帝国未来的担忧。早在秦始皇去世前几年，社会上就流传着各种关于秦始皇死亡的谶语。如东郡陨石事件，说东郡落下一块陨石，上面写着"始皇帝死而地分"；又如沉璧事件，说华阴平舒道上有个男人，把一块玉璧交给秦始皇的使者，并说："为吾遗滈池君，今年祖龙死。"这里的祖龙就是秦始皇。秦始皇心里非常担忧，还特意找人去

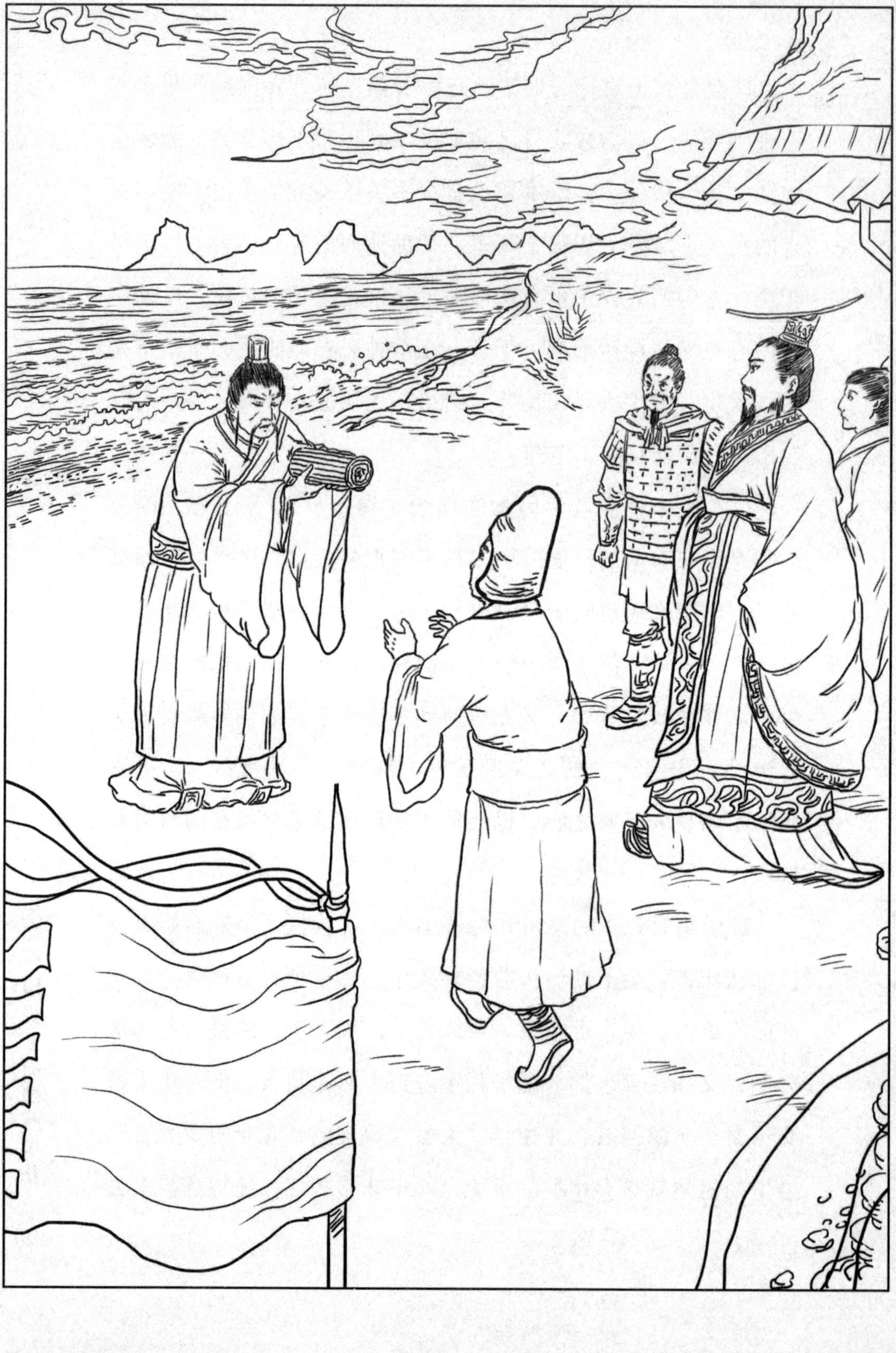

占卜，卦象显示"徙游吉"，这才开始了第五次巡游，结果死在了巡游途中。由此可见，各种谶语的流行，加剧了秦始皇对死亡的恐惧。

更令他担忧的，还有帝国的未来。虽然秦始皇已经统一了天下，建立了中央集权制，个人权势达到了巅峰，但是帝国内部暗流涌动，潜藏着很多不安定因素。比如，博浪沙锥击事件，就是六国旧势力图谋复辟的明证。如今秦帝国疆域空前扩大，究竟该如何治理？这个问题一直缠绕在秦始皇心中。六国残余势力仍在，也没有完全屈服，在暗处蠢蠢欲动，这又不得不让他的精神高度紧张。最让他忧心忡忡的，是帝国的继承人问题。尽管秦始皇有多个儿子，但大多无爵位，无官职，未能在朝堂占据一席之地。他们既没有世袭的势力，又没有军功傍身，都不具备驾驭帝国的能力，而他的身体又一天不如一天。他虽然有意扶持长公子扶苏，可扶苏未能达到他心中理想的状态，所以才派他去蒙恬军中锻炼。而这也是他迟迟未立储君的原因。也许他唯一能做的，就是借助仙人或仙药的力量，让自己多撑一段时间，为下一代积累更多的时间，好让他们能够顺利接班。

也许，这才是秦始皇痴迷求仙问道的真正原因。可惜他到底也未求得长生不老药，最后死在第五次巡游的路上。仓促之下，他不得不立下遗诏，命人交给长公子扶苏，要他到咸阳主持葬礼，并继承帝位。可惜宦官赵高和李斯篡改了遗诏，逼扶苏自尽，拥立少子胡亥继承了帝位，致使大秦帝国万劫不复，二世而亡。

汉惠帝刘盈为何抑郁而终

汉惠帝刘盈是西汉第二位皇帝，也是汉高祖刘邦的第二个儿子。因刘盈性格懦弱，刘邦很不喜欢他，几次想废掉他。多亏朝中大臣极力支持，他才得以继承帝位，史称汉惠帝。然而朝中大权却落到他母亲吕后的手中。

相传，吕后性格刚毅，作风强悍，权力欲又强。吕后掌权后，大肆迫害刘邦的其他儿子。汉惠帝极力保护他们，可赵王刘如意还是被吕后毒死了，齐王刘肥等人也遭到了吕后的迫害。刘邦最宠爱的戚夫人，也就是赵王刘如意的母亲，更是被吕后剪去头发，挖去眼睛，熏聋耳朵，砍掉四肢，药哑嗓子，变成哑巴，扔进厕所里，唤作"人彘"。一天，汉惠帝上厕所，偶然看到这一人间惨剧，精神大受刺激，并大病一场。他哭着对吕后说："我是你的儿子，却做不出你做的事来。以后天下的事，就由你掌管好了。"从此，对一切灰心丧气，不再管事。

吕后觉得汉惠帝越来越不好管教，为了把他牢牢控制在手中，就逼迫汉惠帝迎娶自己的外甥女张嫣为皇后。汉惠帝在吕后以死相逼下无奈应允，从此更加心灰意冷，终日沉溺于声色犬马之中。3年后，他抑郁而终，时年23岁。

王莽真的是"穿越者"吗

说起王莽改制，有人说他充满了现代思维，是历史的"穿越者"。那么他到底是不是呢？他的改制又为什么会失败呢？

王莽掌权后，推行土地国有化政策，再按照人口进行分配，并严禁私下买卖土地。旨在限制土地兼并，保障土地资源分配的合理性，维护广大农民的利益。然而，该政策损害了地主阶级利益，遭到他们的一致反对，仅实行了两年多就废止了。

王莽还下令实行五均、赊贷及六筦制度。就是国家设置五均官来调控市场物价，比如今年收成好，为防止谷贱伤农，由国家来收购粮食，将物价变成正常水平；如果收成不好，价格过高，由国家出钱出力，降低物价。赊贷就是国家向老百姓提供低息贷款。还把盐、铁、酒、钱币铸造权、山林水泽管理权收由国家管理，统称"六筦"。可是上有政策，下有对策，实际权力仍然掌握在世家大族和官僚的手中，结果"奸吏滑民并侵"，弄得民不聊生，生活反而更加艰难痛苦。

由此观之，王莽的改革措施虽具有一定的创新性和超前性，但都是出于笼络人心，维护封建统治的需要。并且，这些政策也不符合当时的国情，他更不是什么历史的"穿越者"。

梁武帝多次出家为僧是何故

有这样一位皇帝，他不喜欢当皇帝，曾前后四次舍身佛寺，非要当和尚，他就是南北朝时期的梁武帝萧衍。梁武帝即位之初，选贤任能，生活节俭，很有明君作为。他原本信奉道教，却在称帝3年后突然改信佛教，修建寺庙，接纳僧尼，并经常邀请僧人到宫中讲解佛法。他因此被称为"皇帝菩萨"。

527年，梁武帝到同泰寺进香，突然脱下龙袍，说要舍身佛寺，出家为僧，为国家祈福。不过仅3天就回去了。不到两年，他第二次舍身同泰寺，大臣们凑集了一亿万钱，才把他"赎"回来。此后又两次"舍身"佛寺，每次都被大臣以一亿万钱"赎"回来。由此可见，他并非真的想出家为僧，而是想通过这种方式削弱来自内部的威胁，以巩固自己的统治。

梁武帝非常清楚，他之所以能篡齐成功，一是南齐不得人心，二是众人都想获得功名富贵。而佛教讲究修行，要求做好人、行善事，不贪慕世间荣华富贵，不得忤逆造反，这都非常有利于梁武帝的统治。所以他才舍身入寺，为寺庙募集钱财，支持佛教事业的发展。同时，也为了检验大臣的忠诚度，看看他们有没有谋反之心。

隋文帝真的很怕老婆吗

提起历史上最怕老婆的皇帝，隋文帝杨坚一定榜上有名。他的妻子独孤氏出身贵族，家世显赫，大姐是北周明帝的皇后，父亲是北周八柱国之一。独孤氏通达史书，聪明过人，做事果敢，独断专行，杨坚对她又爱又怕，几乎是言听计从。

杨坚建立隋朝后，封独孤氏为皇后。相传，独孤氏控制欲很强，对隋文帝防得很严密，不许他和任何女子有染。为防止他和别的女子私通，隋文帝每次上朝，她都要和他同辇而行，送到殿前，还派宦官盯梢；等隋文帝下朝后再一起返回寝宫。她与隋文帝形影不离。隋文帝的五个儿子也都是独孤皇后所生。

独孤皇后又整饬宫中体制，废除三妃六嫔，让皇帝独宠她自己；禁止宫中女子浓妆华服，规定她们的言行举止，不许她们随意亲近皇帝。众嫔妃虽有不满，但也不得不服从。然而，防范再严也有疏漏的时候。一天隋文帝偷偷临幸了一位姓尉迟的少女，独孤皇后知道后，趁他上朝的时候打死了尉迟氏。隋文帝十分愤怒，又害怕独孤皇后，不敢找她麻烦，就骑马负气出走，跑到深山寺庙里躲起来。不久被大臣寻到寺庙，接了回去。堂堂一朝天子，竟然怕老婆怕到这个样子，也是世所罕见啦！

辽太宗死后为什么会被制成木乃伊

一提到木乃伊,很多人会想到古埃及。殊不知,中国古代也有一位被制成木乃伊的皇帝。他就是辽太宗耶律德光。

942年,后晋的石敬瑭死后,他的侄子石重贵继位。石重贵不想向辽称臣,辽太宗大怒,率兵大举南下,很快灭了后晋。中原百姓奋力反抗,辽太宗被迫撤兵。947年,45岁的耶律德光在撤退途中染上了热疾,暴病而亡。远在辽国都城上京的述律太后得到消息,传令"生要见人,死要见尸"。这可愁坏了伴驾的文武大臣。当时正值炎热夏季,要是运到上京,尸体非腐烂不可。可述律太后下了懿旨,谁也不敢违背。

这时,一位御厨想出一个办法,把皇帝的尸体做成"羓"。北方游牧民族喜欢吃牛羊肉,如果吃不完,又碰巧是夏天,就把牛羊的内脏掏出来,用盐卤上,制成腊肉就不会腐烂了。这种腊肉在辽国称作"羓"。众人不敢违背述律太后的懿旨,又没有别的办法,只好采用御厨的方法把辽太宗的尸体做成"羓",运回了上京。就这样,一代雄主辽太宗就成了我国历史上唯一的"帝羓"——木乃伊皇帝。

宋徽宗赵佶被俘后的生活如何

宋徽宗是北宋第八位皇帝，在他统治的20多年间政治腐败，奸佞横生，把天下搞得混乱不堪。后来，听说金兵攻过来了，吓得他赶紧把皇位传给太子赵桓，带着亲信逃往了南方。

赵桓当了皇帝，改元靖康，他就是宋钦宗。靖康元年（1126）冬天，金兵再次南下，很快攻破了汴梁，抓住了徽、钦二帝。金军掳掠了大量金银财宝，开始分两路撤退。第二年三月底，宋徽宗和郑皇后，连同亲王、皇孙、驸马、公主、妃嫔等，被金兵押解着从滑州北出发，开始了漫长的流亡之路。四月初，宋钦宗、朱皇后、太子、宗室及不肯屈服的官员，由金兵押着从郑州往北走。金兵所过之处生灵涂炭，杀人如麻，给老百姓造成了深重的灾难。

宋徽宗坐着牛车，由金人赶着，一路栖栖惶惶，受尽了屈辱和折磨。四月五日，韦贤妃等人被金人叫去，宋徽宗也不敢吱声，只是潸然泪下。抵达相州时，遇到大雨，宫女到金兵帐中避雨又被金兵奸淫，死者甚多。赵佶长吁短叹，却无可奈何。

途中食物匮乏，又连日风雨大作，宋俘饿殍满地，惨不忍睹。这些皇亲贵胄平日里锦衣玉食，哪受得这般苦楚？一个个蓬头垢面，神色憔悴。那些妃嫔、公主、宋室贵妇们还时常遭受金军的调戏和凌辱。

宋徽宗在押送途中受尽了凌辱。七月二十日，徽、钦二帝在燕京相见。父子抱头痛哭，悲愤不已。此时传来消息，说康王赵构已在南京登基，组织兵马抵抗住了金兵的进攻。宋徽宗又惊又喜，派曹勋逃往江南通知康王，让他派人来接他们回去。这之后，他天天盼着南京派人接他，却始终没有盼来。

九月，金人又逼他们迁往上京（今黑龙江阿城）。原来金人担心南宋会把徽宗父子夺回去，使他们失去讨价还价的筹码。宋徽宗不得不再次踏上北迁之路，承受颠沛流离之苦。好不容易到了上京会宁府。金人又逼徽、钦二帝及皇后、妃子等宗室皇族，换上金人服装，头缠白帕，将上衣褪到腰间，裸露着上身，去拜祭金太祖阿骨打庙，行"牵羊礼"，以此来羞辱北宋的君臣。而后又逼着徽、钦二帝去乾元殿拜见金太宗。金太宗为了羞辱他们，封赵佶为昏德公，赵桓为重昏侯，把他们软禁起来。不久，又迁往更加荒凉的五国城（今黑龙江省依兰县）。

到达五国城，宋徽宗身边只剩140余人了。宋徽宗忍受不了这地狱般的生活，他把衣服撕成条，搭在房梁上，想悬梁自尽，被宋钦宗解救下来。父子抱头痛哭。在这里，宋徽宗过了9年囚徒的生活，终因不堪精神折磨死在五国城，享年54岁。

朱棣为什么要
修改正史不认生母

明成祖朱棣在历史上是一位颇有作为的皇帝。他出生于元至正二十年（1360）四月十七日，是明太祖朱元璋的第四子。当时天下大乱，群雄并起，朱元璋忙着与陈友谅争夺天下，根本无暇顾及这个儿子。

等朱元璋建立明朝后，朱棣被封为燕王，就藩北平，也就是现在的北京。明太祖死后，皇太孙朱允炆继位，朱棣发动"靖难之役"，打败了朱允炆，在南京登基称帝，史称明成祖。朱棣做了皇帝，关于他的生母究竟是谁的问题，引发了诸多争议。据主流正史记载，朱棣的生母为马皇后。朱棣也在《燕王令旨》里自称是孝慈高皇后亲生。这里的孝慈高皇后，就是马皇后，是朱元璋的原配正室。总之，朱棣无时无刻不在强调他的嫡子身份。

然而，除朱棣外，马皇后生的皇子都有谁，史籍中又有着不同的记载。一种说法认为马皇后生懿文太子、秦王、晋王、燕王、周王。另一种说法是马皇后只生了燕王、周王。显然，

第二种说法更不可信,很多史学家认为懿文太子朱标是马皇后亲生。马皇后是历史上有名的贤后,是朱元璋的正室,她生的皇子为嫡子,其他妃嫔生的皇子为庶子。按照宗法继承制,有嫡立嫡,无嫡立长。朱元璋就是因为嫡子朱标早逝,才让嫡皇孙朱允炆继承了帝位。所以,朱棣是否为马皇后所生,直接关系他的嫡子身份,也涉及他继位的合法性。

经历代学者考证,认为朱棣的生母不是马皇后,而且《太祖实录》也是被朱棣修改过的,但仍然可以从相关史料中找到蛛丝马迹。比如《明史·黄子澄传》记载:"子澄曰,周王,燕王之母弟。"由此可知:燕王朱棣和周王朱橚是同父同母的亲兄弟。《永乐实录》也记载他们两个是同父同母的亲兄弟。又洪武七年九月,孙贵妃死后,明太祖命朱橚"服慈母服,斩衰三年,以主丧事"。而要形成"慈母"关系,是有严格条件限制的:一是该皇子为庶出,且幼时母已亡故;二是收养该皇子的妃嫔必须无子。孙贵妃仅生三女(次女早夭),无子。由此可知,朱橚是庶子,生母大约于洪武初年亡故,被孙贵妃收养。况且,朱橚是庶子的事也是朝野所知。既然朱橚是朱棣的同母弟,那么朱棣也是庶子无疑。

既然朱棣是庶子,那他生母是谁?大致有三种说法:一是元顺帝的妃子洪吉喇氏。说朱元璋攻入大都(今北京)后,见洪吉喇氏貌美,就把她留在身边,后来生下了朱棣。这纯属无稽之谈,朱棣生于至正二十年(1360),明军于至正二十八年(1368)攻陷大都,此时朱棣已经八岁了。二是蒙古女人瓮氏所生，记载于清代《广阳杂记》。而《广阳杂记》本就是一部记录逸闻趣事的书，没有确实根据，不足为信。比较靠谱的一种说法是，朱棣的生母是碽妃，不仅有野史、文人笔记，还有很多官方正史作证，如《闽书》《国榷》《国史异考》《三垣笔记》等，而最有说服力的证据则是《南京太常寺志》。很多知名历史学家如傅斯年、朱希祖、吴晗等，都认可这一说法。

南京太常寺是主管皇家祭祀和礼仪的机构。据《南京太常寺志》记载："孝陵祀太祖高皇帝、高皇后马氏。左一位淑妃李氏……右一位碽妃，生成祖文皇帝。"明末清初的钱谦益和李清就见过这样的记载。两人曾利用职务之便，进入孝陵寝殿，"入视果然，乃信"。明代沈玄华在《敬礼南都奉先殿纪事十四韵》写道："高后配在天，御幄神所栖。众妃位东序，一妃独在西。成祖重所生，嫔德莫敢齐。"说碽妃的灵位单独放在西面，是因为她是成祖的生母，不与其他妃嫔放在一起。傅斯年、吴晗等人认为，碽妃的身份比较低，只是"贱妾"，生下朱棣后交由马皇后抚养。朱棣与马皇后虽有母子情谊，却并无血缘关系。

那么，朱棣为什么要修改史书，不认生母呢？这和明朝的皇位继承制有关，因为只有嫡子继承皇位才能深孚众望。而通过"靖难之役"把嫡孙朱允炆赶下皇位的朱棣，实在是难以服众，所以才不得不自抬身价，隐藏生母碽妃，一再宣称他是马皇后所生，就是为了获得这个嫡子身份。甚至为此不惜修改大量史料，却偏偏遗漏了太常寺那一支，让人找到了事情的真相。

万历皇帝数十年不上朝原因何在

万历皇帝朱翊钧是明嘉靖帝的孙子,是隆庆帝的第三子,当政48年间竟有20多年不上朝,致使朝纲颓废,社会逐渐走向动荡。那么,万历皇帝为什么数十年不上朝呢?

万历16岁时就娶了王皇后,但万历并不喜欢她。20岁时,一位王姓宫女为他生下一个儿子。这是万历的长子朱常洛,4年后郑贵妃又给她生下皇三子朱常洵。万历很喜爱朱常洵,就想立他为太子,却遭到群臣的集体反对。因为按照明朝的皇位继承制,应该立皇长子为太子。万历就极力镇压,把反对强烈的大臣贬官问罪。这更激起了群臣的义愤,纷纷上疏,要求立皇长子为太子。万历不愿屈服,就想办法拖着,后来万历干脆不上朝,与大臣们消极对抗。这场争执持续了15年,直到1601年万历才迫于压力,册立朱常洛为太子。这场争执,使得万历身心交瘁,又和群臣闹掰,开始消极怠政,以致20多年不上朝。此外,健康问题也是一个原因。万历皇帝身体肥胖,并患有多种疾病,如腿部疾病和心脏不适等,这也使得他不愿意上朝听政。

乾隆皇帝为何多次下江南

说起乾隆皇帝，总有讲不完的故事，最让人津津乐道的就是乾隆皇帝下江南了。那么，他为什么要下江南那么多次呢？真的是为了游山玩水吗？其实也不尽然，总结起来有如下几点：

一、免除地方积欠的钱粮。如乾隆第一次南巡时，就下旨把江苏、安徽、浙江积欠的钱粮全部免除。当时江苏累计积欠228万两银子，安徽累计积欠30.5万两银子，全被乾隆下旨免除。

二、视察水利工程。江南水网密布，水利工程对农业生产、交通运输以及防洪抗灾至关重要。江浙等地多次发生水灾，百姓流离失所，乾隆心系百姓，借着南巡之机阅视河工，重点视察黄河、淮河、运河等水系的治理情况，推动水利工程的建设和修缮，确保江南地区的经济稳定发展。例如，他曾多次指示对江南的河道进行疏浚和加固，以保障灌溉和水运。

三、了解经济发展状况。江南是清朝的经济重心，农业、手工业和商业非常发达。江浙地区更是朝廷重要的赋税来源，以乾隆十八年为例，江浙两省的税银就占了全国的29%。除田赋外，江浙两省的盐税就占到了全国的68%。可见，江浙两地

对朝廷的重要性。乾隆亲自考察江南的经济状况，包括农田开垦、农作物种植、商业贸易等方面，以便制定相应的经济政策，以促进全国经济的发展。

四、宣扬清朝文化和统治理念，促进文化交流。乾隆时期，清朝的文化建设取得了一定的成就。乾隆在南巡过程中，举行各种文化活动，如诗文创作、书法绘画展览等，以展示清朝的文化繁荣，宣扬清朝的统治理念和价值观，并了解各地民俗。江南地区文化底蕴深厚，人才辈出，乾隆与江南的文人雅士交流互动，促进了满汉文化的交流与融合，对清朝的文化发展产生了积极作用。

五、游山玩水，满足对江南美景的向往，也是乾隆下江南的目的之一。江南风景秀丽，名胜古迹众多。乾隆为观赏江南美景，游览名胜古迹，不惜耗费大量人力、财力及物力，督造龙船，修建离宫别院、亭台楼阁。据《扬州行宫名胜全图》记载：两淮的盐商为了迎接乾隆南巡扬州，先后修建天宁寺、迎恩桥、虹桥、莲花桥、平山堂、高曼寺等殿舍数千间，亭台近两百座，足足花费数百万两银子，其余赏赐、宴饮、游玩、观赏所费，更是难以估算。

总之，乾隆皇帝下江南，既是为了加强皇权，也是出于个人兴趣，消耗了大量人力、物力和财力，也不可避免地滋生了一些地方官员的腐败，加速了清王朝的衰落和灭亡。

第三章

古代后宫的奇闻逸事

历代皇帝选妃有何内幕

古代的典籍中，各朝各代都对女子之美赋予了独特的印记：秦汉时期追求"端庄顾硕"的大家风范；魏晋时期崇尚"逸雅绝伦"的出尘气质；明朝要求"德才兼备"的美好品质；清代则看重显赫的"门第出身"。这些词汇是历代帝王选妃的审美标准，而皇帝的标准，大大影响了民间的时尚潮流。

皇帝的眼光很挑剔，入宫的女子不仅要青春年少，身材和容貌也得是上佳。据传，汉桓帝曾派女官吴姁到大将军梁商家，为其女梁莹进行了全面检查，证实没有瑕疵，才被选为皇后。

明朝的选妃制度更是严格。天启年间，皇后张嫣的选拔是一个生动的例证。她本是河南地区一名普通秀女，从初步的外表甄选，到五官、身体比例的精确测量检验，再到性情、仪态的深入考察，历经八关考验，最终以"眼似秋波，口若朱樱，鼻如悬胆，皓牙细洁"的绝世容颜击败所有对手，被朱由校册封为皇后。

而清朝的选妃制度，则更添一层对血统的考量。满蒙血统的女子享有优先权。此外，清朝还注重考察女子的才艺与品德，力求选拔出德才兼备的"完人"。

妃子争宠有什么秘密招数

后宫妃子一旦超过50岁，就不能再去侍寝。可如何才能在三千佳丽中脱颖而出，博得君王一笑呢？于是，为了能诞下龙子，保住后半生的安稳荣华，妃子们便想出各种千奇百怪的招数，只为吸引皇帝共度春宵。

南朝宋文帝时，一个太监建议皇帝夜乘羊车，漫游后宫，如果羊车停在哪个妃子的门口，那么这位妃子就可以侍寝。于是，聪慧的潘淑妃决定在门外屋檐插上青竹枝，地面撒以盐汁，引得羊儿每晚都驻足不前，如此，文帝自然就常在潘淑妃那里过夜了。但潘淑妃的"偏方"很快被其他妃子学了去，一时之间，南朝后宫中，到处都是青竹翩跹。

"毛遂自荐"不仅限于朝堂，后宫之中亦不乏其例。相传，宋朝时，李宸妃本为一介卑微宫女。一日，恰好轮到李宸妃侍奉宋真宗洗手，于是她捧着脸盆，借机与帝王攀谈起来。真宗被她的容貌吸引，便未急于离去。李宸妃顺水推舟，轻启朱唇，说自己曾梦到羽衣仙人降临，预言她将诞下龙子。真宗闻言大喜，因为他膝下尚无子嗣，当即就临幸了李宸妃。次年，李宸

妃果然诞下皇子，地位也随之水涨船高。

　　关系好的妃子互相提携，也可以增加自己的受宠概率。宋代的乔贵妃和韦妃情同姐妹，二人约定，若谁先得帝王宠幸，莫要忘了提携对方。后来，乔贵妃先被宋徽宗青睐，她不忘旧誓，极力举荐韦妃。最终，姐妹二人皆得帝王宠爱。

　　有时候，运气亦是被宠幸的因素之一。汉景帝便曾有过一段"误幸"的逸闻：某夜，他醉意朦胧，欲召程姬侍寝，不料程姬恰逢月事，但她不愿错失良机，便让自己的侍女唐儿装扮一番去见景帝。景帝醉眼迷离，未辨真伪，事后，唐儿竟然怀孕了。此后，她便母凭子贵，一跃成为景帝新宠。

　　这些后宫逸事虽然听起来有趣，却蕴含着深宫女子无尽的辛酸与泪水。她们虽贵为妃子，实际只是帝王手中的玩物与传宗接代的工具而已。她们费尽心机，所求不过是一夜恩宠，而这一夜之后，命运如何，却全然未知。其中的幸与不幸，全都化作了宫墙后的声声哀泣。

妲己真的是红颜祸水吗

在人们的印象中，妲己是不折不扣的"狐狸精"。她以美貌魅惑纣王，撺掇纣王发明炮烙之刑，迫使比干剖心，最终导致殷商亡国。在各种演义传说之下，妲己成了红颜祸水的典型代表，但是，"妲己亡纣"一说是否经得住推敲呢？

史料记载，妲己是被有苏部落作为"礼物"献给纣王的。据传，纣王对妲己十分宠爱，甚至到了"言听计从"的程度，这似乎为妲己"妖妃"的形象提供了有力证据。但是，商纣王怎会事事听从俘虏出身的妲己呢？在商朝，人们迷信鬼神，商王室的重大事务皆须通过占卜以探询天意。即便是纣王，也难以完全左右时局，更何况是妲己这样一位柔弱女子？

况且，商纣王继位时，商朝因长久的战乱而国力空虚，本就是强弩之末。妲己充其量只是纣王晚年的伴侣而已，她如何能凭一己之力翻云覆雨、颠覆国家？

我们不得不正视一个事实：历史的书写者往往是男人。国家覆灭的责任总是要有人承担的，于是无辜的女性，只好成了君主亡国的"借口"，背负"红颜祸水"的骂名。

陈阿娇的"金屋藏娇"为何以悲剧收场

东汉史学家班固在《汉武故事》中写道：汉武帝刘彻幼年时，他的姑姑，也就是当时的长公主刘嫖问他长大要娶一个什么样的媳妇，刘彻回答说要娶表姐阿娇为妻，并为阿娇盖一座金屋子，这便是"金屋藏娇"的典故。刘彻登基后，亦不负童言，立阿娇为皇后。二人青梅竹马，也曾情深意笃。但阿娇始终无法诞下子嗣，在这母以子贵的后宫中，无疑是最大的隐患。

阿娇的不孕之症终究没能治愈，还仗着母亲长公主曾助刘彻登基，恃宠生娇，横蛮霸道，使武帝逐渐心生厌烦。其母亦自恃有功，无止境地敛财，更是让武帝对阿娇生厌。

很快，刘彻便冷落阿娇，开始宠幸聪明伶俐、能歌善舞的宫女卫子夫。但阿娇难以接受自己的失宠，为了夺回昔日属于自己的宠幸，她让巫女在皇宫里开坛设法，试图诅咒卫子夫。

巫蛊之术在刘彻眼中是绝对的禁忌。阿娇的所作所为败露后，刘彻勃然大怒，他不但将巫女处死，还把牵涉此事的300余人统统斩杀，而阿娇也被废黜后位，打入了冷宫。陈阿娇就此被刘彻遗忘，终日以泪洗面，最后幽禁至死。

赵飞燕姐妹是如何魅惑汉成帝的

赵飞燕、赵合德这对历史上有名的姐妹花，是不少文人墨客笔下津津乐道的话题。例如唐朝诗人徐凝的《汉宫曲》，诗中"水色帘前流玉霜，赵家飞燕侍昭阳。掌中舞罢箫声绝，三十六宫秋夜长"，生动地展现出赵飞燕轻盈的舞姿和迷人的风采。她在昭阳殿中翩翩起舞，宛如仙女下凡，优美的舞姿仿佛有让时间静止的魔力。舞毕，箫声停歇，整个宫廷都沉浸在她的魅力之中，而其他宫殿的秋夜则显得格外漫长，让人深刻感受到赵飞燕的魅力之大。自两人进宫之后，便把汉成帝迷得神魂颠倒。

姐姐赵飞燕，原是阳阿公主府中一名歌女。她天生丽质，身材曼妙，跳起舞来更似天仙下凡。一日，汉成帝刘骜来到了公主府中游乐，一眼便被赵飞燕的绝代风华所吸引，随即纳入宫中，宠爱有加。

太液池畔，赵飞燕时常伴随着丝竹笙歌为刘骜献舞。某日，刘骜正在船上欣赏赵飞燕的舞蹈表演。湖面突然狂风大作，船

身剧烈摇晃,身量纤细的赵飞燕竟像风筝一般飘起来,刘骜大惊失色,连忙命一旁伴奏的侍郎冯无方去救护。冯无方很迅速抓住了赵飞燕的双脚,以防她再被风吹走。赵飞燕却仿佛毫不在意,继续翩翩起舞。很快,"飞燕能作掌上舞"便成了宫内外的一段佳话。

赵飞燕纤细柔弱的身段和飘逸的舞姿,使刘骜为之倾倒。于是,她借机向刘骜推荐妹妹赵合德。赵合德身材高挑丰腴,性格温柔妩媚,和姐姐赵飞燕的轻盈婀娜是两种风格。她不仅容貌出众,更擅长梳妆打扮,相传,风靡后宫的"远山黛"的描眉妆容就是赵合德所创。

这对风格不同的姐妹花很快就使六宫粉黛黯然失色,从此成了刘骜的专宠。赵飞燕被立为皇后,赵合德则被封为昭仪。赵家姐妹为了继续保持专宠,竟然找来了春药供刘骜服用。有相关记载,刘骜因为用药过度,最终死在了赵合德怀中。

汉成帝荒唐的死因,让我们看出:赵飞燕、赵合德固然有魅惑的手段迷惑刘骜,但刘骜纵情声色的缺点,也给了姐妹俩可乘之机。

丑陋的贾南风
为什么能够权倾朝野

在中国历史上，能成为皇后的女子要么是善于治国的才女，要么是沉鱼落雁的佳人。然而，西晋惠帝的皇后贾南风无德也无貌。这样一位皇后是怎样做到权倾朝野的呢？

据史料记载，尽管贾南风相貌丑陋，但她出身高贵，其父贾充乃西晋的开国功臣。得益于父亲的荫庇，贾南风嫁与太子司马衷，被册封为太子妃。她性情狡黠狠辣，曾用剑戟直刺太子其他怀有身孕的妃嫔。晋武帝闻讯大怒，欲废其位，却因外戚杨珧一句："陛下忘记贾充了吗？"而作罢。可见，贾充在西晋政权中的地位，这也为贾南风日后的权倾朝野打下了坚实基础。

贾南风精于权术，一路辅助皇太子司马衷继位。当晋武帝得知外人盛传太子"蠢笨如猪"时，感到非常忧虑，便对太子司马衷的智力产生怀疑，欲出试题考校，贾南风便替太子找了一位略有文才的太监答完了这套试题。晋武帝看过答卷后，认为太子的答案虽不出彩，但也不至于太过愚蠢。于是，司马衷

顺利通过考验，保住了太子之位。自此之后，司马衷对贾南风感激涕零，言听计从。

晋武帝驾崩后，司马衷继位为晋惠帝，贾南风顺理成章地登上了皇后的宝座。懦弱无能的皇帝和极具诱惑力的皇权使贾南风的野心迅速膨胀，她的心中只有一个念头——掌控西晋王朝。

然而，晋惠帝登基时，朝政大权被皇太后杨芷之父杨骏牢牢掌握，贾南风根本无法插手。经过一系列明争暗斗，贾南风借助宗室和诸侯王的力量，于公元291年发动政变，一举诛杀了杨骏及其党羽，扫清了她夺权道路上的绊脚石。

此后，贾南风的手段越来越狠毒。她不仅以莫须有的罪名贬皇太后为庶人，并将其囚禁在金墉城中活活饿死，还导演了"矫诏杀人"的闹剧。这次政变后，晋惠帝让汝南王司马亮和尚书卫瓘共同执掌朝政。于是，一心想要权倾朝野的贾南风又把矛头指向他们。公元291年六月，贾南风又挑唆楚王司马玮矫诏，杀司马亮和卫瓘，随后，司马玮又被她抛出来做替罪羊，将其以"矫诏擅自杀戮大臣"的罪名诛杀。

就这样，贾南风一路杀过来，将朝中重臣一一铲除，最终独揽大权，把晋惠帝变成了名副其实的傀儡皇帝。

贾南风虽独揽大权，但无子始终是她的心病，因为她只为晋惠帝生了四位公主。而谢才人之子——太子司马遹的存在对她构成了巨大的威胁。为了稳固地位、长期控制朝政，她不惜伪造怀孕，并暗中收养妹夫韩寿之子韩慰祖，待时机成熟后废黜太子，并立韩慰祖为储君。

至此，贾南风虽消灭了所有障碍，但她已然嗜杀成性。原太子司马遹被废黜后，贾南风仍派人去暗杀他，企图斩草除根。她的恶行最终激起了宗室诸王的反抗。公元300年，梁王司马肜、赵王司马伦等率兵入宫，将贾南风贬为庶人，并诛杀其党羽数十人。天道好轮回，5日后，贾南风就在曾经饿死皇太后的金墉城被迫饮下毒酒，结束了罪恶的一生。

贾南风召宗室诸王入朝诛杀杨骏，为后来的"八王之乱"埋下了隐患。随着宗室之间的轮番争斗和互相残杀，西晋王朝元气大伤，中国历史也由此进入了长达300年的大分裂时期。

萧皇后的一生经历了多少帝王

萧皇后是西梁孝明帝萧岿之女,嫁给杨广后夫妻恩爱,她还是帮助杨广夺取太子之位的重要人物,杨广继位后她被立为皇后。

公元618年,杨广被权臣宇文化及所杀,萧皇后也被乱军带到聊城。起义军领袖窦建德攻陷聊城后,萧皇后成了窦建德手中的一枚棋子,被安置在武强县。

公元620年,突厥处罗可汗派出使者将萧皇后迎到突厥,萧皇后之孙杨政道被突厥人扶植为傀儡皇帝,建立"后隋",萧皇后被尊为太皇太后。

萧皇后在突厥生活10年后,唐朝名将李靖大破突厥,将萧皇后迎回长安,得到唐太宗与长孙皇后的礼遇,在太极宫安享晚年,81岁高龄时离世,与隋炀帝合葬于扬州。

在演义小说中,萧皇后是一个"水性杨花"的人,说她侍奉过隋炀帝、宇文化及、窦建德、处罗可汗、颉利可汗、唐太宗六位帝王。实际上,隋炀帝去世时,她已经年逾五旬;回到长安时,更已年逾六旬,认为她侍奉过隋炀帝之外的帝王,只是无稽之谈。

武媚娘是怎样登上皇位的

武则天是中国历史上唯一的一位女皇帝,她上承贞观之治的辉煌,下启开元盛世的序幕。她如同一朵雍容华贵的牡丹,在历史的舞台上艳压群芳。那么,这位传奇的女性是怎样登上皇位的呢?

武则天是唐朝开国功臣武士彟的女儿,因出众的美貌被唐太宗李世民召进宫,封为才人,赐号"武媚","武媚娘"的名号由此而来。武媚娘14岁被选入宫中时,她的母亲杨夫人哭泣不止。因为一入后宫深似海,如果没有出头之日,入宫就等于封杀了一个女人所有的青春和未来。然而,武媚娘却一反常态,无所畏惧地安慰哭泣的母亲说:"侍奉圣明天子,安之非福?"可以看出,此时的武媚娘虽然青春年少,却已显露出不凡的野心。

即使踏上深宫,也不会让武媚娘的野心消减分毫。据传,太宗有一匹很难驯服的烈马。武媚娘在太宗身边侍候,说:"臣妾能驯服此马,但需三物相助:铁鞭、铁锤与匕首。若铁鞭抽打不奏效,则以铁锤击其首;若仍不服,就只能用匕首割断它

的喉咙了。"

或许太过尖锐的锋芒让李世民心生戒备,武媚娘在太宗在位期间并未得到过多的宠爱。直至太宗病重,武媚娘作为近侍,与亲侍汤药的皇太子李治结下了不解之缘。自幼缺乏母爱的李治,对既光彩照人又端庄雍容的武媚娘一见倾心,二人情感渐深。

贞观二十三年(649),太宗驾崩,武媚娘依例入长安感业寺为尼。但李治(高宗)对她的思念之情却未减分毫,时常偷偷前往感业寺与她私会,二人珠胎暗结,很快武媚娘就怀孕了。

此时,宫中的王皇后与萧淑妃正斗得不可开交,无子的王皇后为打击萧淑妃,便主动请求李治将武媚娘接入宫中。武媚娘回宫后,迅速生下皇子,并被册封为昭仪。此时,她的野心如宫中几案上的烛焰一般熊熊燃烧,已经不甘于只做依附李治的"媚娘"。于是,武媚娘利用皇上的宠爱,巧妙地拉拢宫中势力,甚至不惜牺牲亲生骨肉以陷害王皇后,并极力鼓动皇上立自己为宸妃。

几年后,王皇后被诬告咒害武媚娘,高宗震怒之下几欲废后。此举遭到以长孙无忌为首的朝廷重臣的强烈反对。然而,高宗与武媚娘联手,在许敬宗、李义府等朝臣见风使舵地鼓动下,最终成功废黜王皇后,立武媚娘为后。武媚娘仅用三年时间,便从小小的昭仪一跃成为皇后。

登上后位的武媚娘首先除去了王皇后与萧淑妃这两个心腹

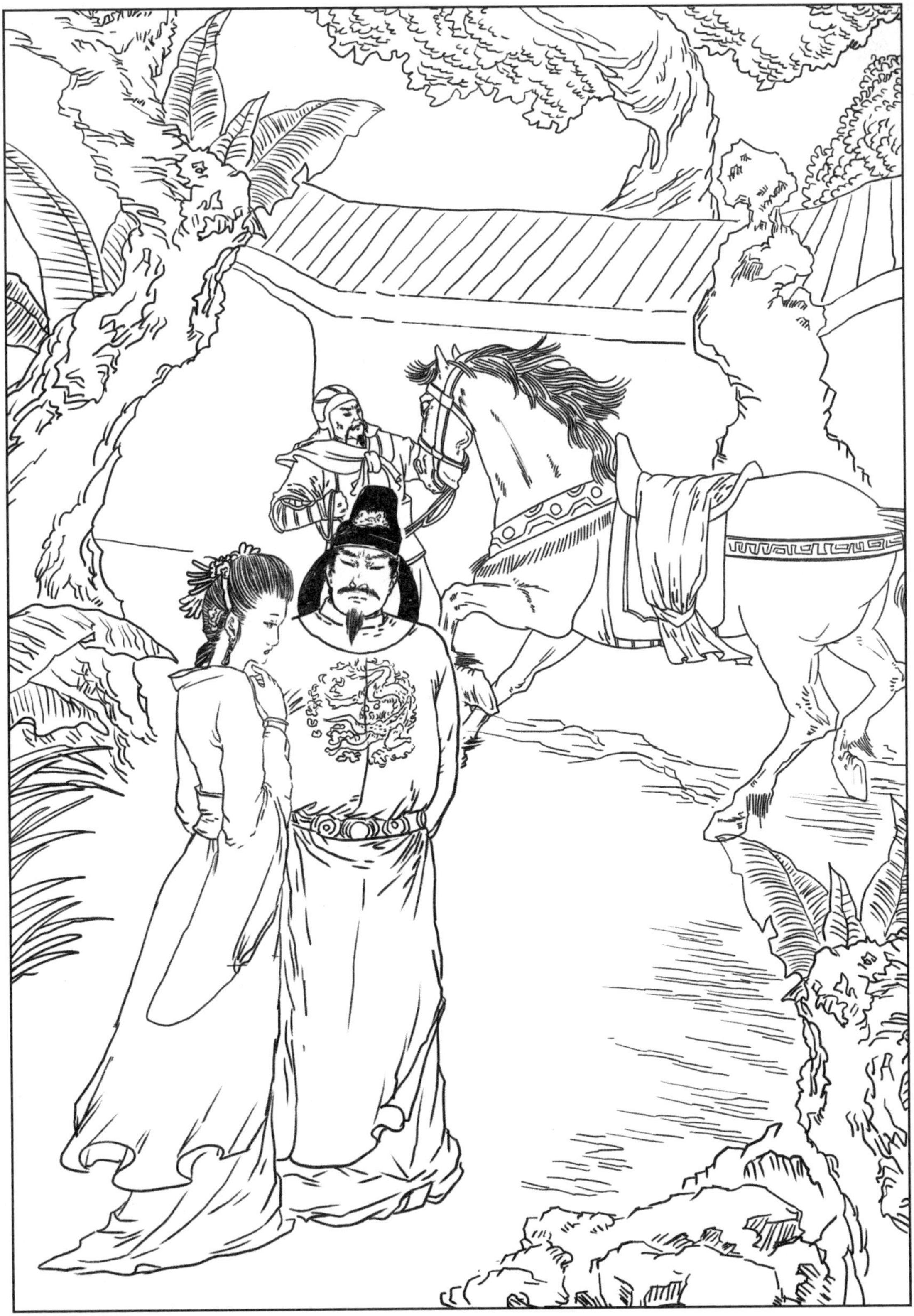

大患。将二人砍去手脚投入酒缸中折磨致死。随后，她又着手清除朝中反对自己的势力。高宗虽对武后插手政事不满，却因顾念旧情，始终没有废后。

随后，武后为巩固权势，不惜毒杀亲生儿子太子弘。立皇子李贤为太子后，武后又栽赃他图谋造反，太子李贤最终也死于非命。高宗晚年体弱多病，于公元683年驾崩。年过六旬的武后愈发迷恋权术，她虽是立中宗李显为帝，实则自己垂帘听政。有一天，中宗要立其岳父为侍中，遭到群臣的反对。中宗说，我乃当今天子，我若把天下让给他坐，也没什么不可以。这句鲁莽之言一出口，中宗就被武后以此为由，拉下宝座，囚禁一个月后，全家被发配均州。虽又立皇子旦继承皇位，但始终幽禁皇宫，武后依然垂帘听政。并开始肃清李氏宗亲，起用武氏家族成员，自此，武则天开始独揽大权。

公元690年，67岁的武则天终于称帝建周，成为中国历史上唯一的女皇帝。她执政期间广开才路，推行科举殿试制度；重视农业发展，推行均田制减轻百姓负担；提高女性社会地位；并重用狄仁杰、张柬之等贤臣辅佐朝政，为后来的开元盛世奠定了坚实的基础。

杨贵妃和安禄山的"绯闻"是真的吗

民间曾经流传着这种说法：唐玄宗末年，致使唐朝由盛转衰的"安史之乱"是安禄山以"清君侧"为借口，图谋不轨，想要霸占杨贵妃。但是，翻阅新旧唐书，却很难找出杨玉环与安禄山有暧昧关系的记载与暗示。然而《新唐书》中记载玄宗非常相信安禄山，甚至让他与杨家诸姨结为义兄妹，而安禄山更是尊杨贵妃为义母，每每朝见天子，杨家上下皆以盛宴相待。但此处的"杨家上下"，显然不应囊括身为皇室成员的杨玉环。

那么，杨玉环与安禄山的绯闻又从何而来？

无论是《开元天宝遗事》《杨太真外传》《禄山事迹》等野史，还是《唐史演义》《梧桐雨》等小说杂剧，都不遗余力地大肆渲染"杨安之恋"。如"贵妃三日洗禄儿"的传闻，说杨玉环竟为其义子、年长于她二十余岁的安禄山举行"洗三"之礼。这本是古代为新生儿沐浴祈福的仪式，在此情境下显得尤为荒诞，让人啼笑皆非！

元代白朴的杂剧《梧桐雨》则说，安禄山与杨贵妃的暧昧

关系被杨国忠察觉并告发，安禄山终被逐出宫廷，转而镇守边关。安禄山的离去让杨贵妃日思夜想，心生烦恼。杂剧中，安禄山起兵的重要理由竟是"单要抢贵妃一个，非专为锦绣江山"。《唐史演义》中更是大胆地描写安禄山与贵妃私会一年有余，甚至将贵妃胸口抓伤。贵妃怕被玄宗发现，遂用内衣遮掩。

甚至连司马光的《资治通鉴》中，也记录了"贵妃洗禄儿"：杨玉环以锦绣制成的大襁褓包裹安禄山，让宫女们以彩轿抬起，唐玄宗更是亲临现场观看"洗三"并厚赏。又说安禄山可以随意出入宫廷，或与贵妃共餐，或彻夜不归，丑闻在外流传甚广，而唐玄宗却置若罔闻。

实际上，杨贵妃与安禄山私通之说存在很大的漏洞，不过是坊间八卦之谈。首先，在杨贵妃独得唐玄宗专宠的时期，二人形影不离，安禄山实难有可乘之机。再者，杨玉环身为贵妃，地位尊崇，安禄山不过一介边疆将领，年长于她且形貌不佳，言语粗俗，与雍容华贵的杨贵妃实难相配。

杨贵妃与安禄山"私通"之说，不只是为了满足人们的猎奇心理，还因为李唐王朝追随者们急需为这场"安史之乱"寻找一只替罪羊。而杨贵妃因为特殊的身份和地位，自然成了众矢之的。于是，"红颜祸水"的论调再次甚嚣尘上，杨贵妃被塑造成了这场动乱的罪魁祸首。人们甚至不惜为她编造出一个"情夫"，以此来合理化马嵬驿兵变中她的悲剧性结局。

万贵妃为何能让明宪宗独宠

纵观封建王朝几千年，每任后妃想得最多的永远都是怎么得到皇帝的宠爱。明朝的万贞儿却是例外，她不用想就荣登贵妃之位，还独占了明宪宗朱见深一生的深情厚爱。万贵妃独得圣宠的缘由，还需从宪宗坎坷的童年说起。

明宪宗朱见深是明英宗朱祁镇的嫡长子，本应顺理成章地被立为太子，然而，土木堡之变后，英宗被俘。皇叔朱祁钰趁机登基，立自己的儿子为太子。朱祁钰不仅剥夺了朱见深的太子之位，更将他逐出宫去，让他在宫外度过了5年孤苦无依的生活。这段时间，朱见深的母亲怕惹祸上身不敢与之相认，文武官员更是不敢提及他的名字。

然而，在黑暗的日子里，只有宫女万贞儿对朱见深不离不弃，无微不至地精心照顾，给予他渴望已久的温暖与关爱。在万贞儿的陪伴下，朱见深逐渐感受到了人间温情，也在心底悄悄种下了爱情的种子。

岁月流转，万贞儿与朱见深共同经历了无数个浮浮沉沉的

日夜。终于，朱见深登上了皇帝的宝座，而万贞儿也从一个卑微的侍女，成了尊贵的后妃。在苦难中结下的情谊，让朱见深对她倍加珍惜。

朱见深登基后，更是只宠爱万贞儿一人。即便此时的万贞儿已近不惑之年，容颜渐老，甚至时常在朱见深耳边诋毁其他妃嫔，但朱见深仍对她言听计从、百依百顺，甚至一度动了立她为皇后的念头，最后因万贞儿出身低微，无奈作罢。

为了牢牢抓住朱见深的心，未能成为皇后的万贞儿开始与宦官勾结，将密探布满后宫。一旦发现有妃嫔或宫女获得宠幸并怀孕，她便暗中施以毒手，确保孩子无法存活。因此，尽管朱见深后宫妃子众多，却没有一个子嗣得以留存。

作为这一切的始作俑者，万贞儿在自己生下一名男婴后，被朱见深封为贵妃。然而命运无常，孩子一年后因病夭折，而此时已步入高龄的万贞儿，已无法再次生育。

朱家的血脉看起来好像即将断绝，但这并不能让万贞儿停止杀戮。令人深思的是，朱见深似乎毫无察觉。如果这是他的默许，那么这正表明了他对万贞儿无法割舍的爱。

万贞儿之所以能够独揽圣宠，除了她对朱见深无微不至地关怀与陪伴外，是因为她深谙朱见深的性情与喜好。多年的相处让她对朱见深的性格、原则、心理等了如指掌，她明白怎样顺着朱见深的想法行事。正是这种精准无误的掌控，才让朱见深对她难以割舍。

第四章
DISIZHANG

谋略背后的历史玄机

秦晋之好背后
有怎样的政治交易

在一些文章中经常会用"秦晋之好"来形容两姓联姻。这里的"秦晋"指的是春秋时期的秦国和晋国。春秋时,秦、晋两国世代联姻,相互扶持,先后成为春秋时代的霸主。所以,后人才用"秦晋之好"代指两姓联姻,寓有相互扶持,各自成就一番大业的美意。

春秋时期,秦、晋是相邻的两个大国。秦穆公继位后,见晋国国力强盛,就想引为外援,于是派人向晋国提亲。晋献公见秦国发展得不错,秦君又聪明睿智,志向远大,觉得如果把女儿嫁过去,两国联姻,血脉相连,定能干出一番大事,于是就把女儿伯姬嫁给了秦穆公。

伯姬是个很有见识的女人,她知道秦国要想发展壮大,必须招揽贤才。于是她就在晋国偷偷为丈夫物色了一个人才,他就是百里奚。伯姬不敢明着要人,怕晋国不放走他,于是就向晋献公提出,要百里奚做她的陪嫁奴隶。晋献公想都没想就答应了。后来,在百里奚的辅佐下,秦国国力蒸蒸日上。而这离不开伯姬的识人、荐才之功。

晋国发生内乱，新君被杀，公子夷吾（晋惠公）在秦国帮助下回国继位，他曾许诺给秦国五城却赖账，秦穆公与之断绝往来。后晋国旱灾，晋惠公向秦国借粮，秦穆公念百姓无辜借之。次年秦国大旱，向晋国借粮遭拒且被讽刺，秦穆公怒而攻晋，俘虏晋惠公。秦穆公欲杀晋惠公，伯姬以自焚相逼，秦穆公无奈放了晋惠公。

晋惠公回国后，就割让了城池，还把太子圉送到秦国做人质。秦穆公对太子圉很好，还把女儿怀嬴嫁给了他。几年后，太子圉听说父亲病了，担心父亲死后君位会落到别人手里，就扔下怀嬴逃回了晋国。晋惠公死后，太子圉做了国君，是为晋怀公。秦穆公见太子圉忘恩负义，就派人把晋国公子重耳接到秦国，还把怀嬴嫁给了他。在秦穆公的帮助下，重耳赶走了晋怀公，做了晋国国君，他就是晋文公。

晋文公即位后，联合秦、齐，伐曹攻卫，救宋服郑，平定王室之乱，又在城濮大败楚军，成为一代霸主。由于晋国堵住了秦国东进之路，秦穆公转而向西发展，最终灭国十二，拓地千里，称霸西戎。秦晋两国世代联姻，既相互扶持，又时有龃龉，甚至兵戎相见，却又能握手言和，修得正果，都成为一代霸主。故而，也留下了"秦晋之好"的佳话。

王莽篡汉的阴谋是如何得逞的

据史料记载,汉成帝刘骜即位后,王莽的姑母王政君被尊为太后,王氏外戚开始掌握朝政大权。他的伯父大将军王凤生病后,王莽亲尝汤药,连月衣不解带,在床边侍奉。王凤很感动,就把王莽托付给王政君和汉成帝。于是王莽做了黄门郎,不久升为射声校尉,后又被汉成帝封为新都侯、骑都尉、光禄大夫、侍中,可以随侍皇帝左右,议论国家大事。后来,王莽又做了大司马,掌握军政大权。王莽掌权后,对朝廷开始大清洗,铲除异己,拔擢顺从他的人,结党营私,广施恩惠,获得"安汉公"的封号。为了巩固自己的权势,他又让女儿做了汉平帝的皇后,获得"宰衡"的称号,位列上公。此时王莽已生出篡位之心,于是毒杀了汉平帝,立两岁的刘婴做"孺子",自己代理天子朝政,称"假皇帝"。不久,王莽又逼王太后交出传国玉玺,迫使孺子刘婴"禅位",登基称帝,定国号为"新",改元"始建国",大赦天下。至此,王莽终于代汉自立,开始了他的新朝。

董卓之乱背后的政治盘算

董卓之乱是东汉末年一场重大的政治动荡。它始于东汉中平六年（189）董卓入京，终于初平三年（192）董卓被杀，历时三年。这段时间虽短，却有极大的破坏力，使东汉政局发生了巨大变化，拉开了东汉末年军阀混战、天下大乱的序幕。

汉少帝继位后，大将军何进想诛杀宦官集团，何太后却不同意。这时，袁绍就劝何进从外地调兵入京，借助外兵的势力杀掉宫里的宦官。于是何进就给董卓写了封信，让他带兵进京，帮他诛杀宦官。董卓为人狡诈，他一接到密信，就知道朝中出了大事，而这却是他进京掌权的大好机会。不过他没有马上动身，而是给朝廷上了一道疏，说自己带兵进京，是为了清除奸邪，然后才带领3000精兵向洛阳进发，又把大部分军队交给自己的女婿牛辅驻守陕西，作为后援，以观其变。

等董卓赶到洛阳时，京城已经乱成一团，何进引外兵进京的消息被宦官集团知道，他们抢先下手，杀死了何进。袁绍又带兵杀进宫去。张让等宦官一见情况不妙，就挟持着汉少帝刘辩、陈留王刘协逃出京城。董卓来到洛阳，见城里黑烟滚滚，就知道情况有变，立刻策马急奔。就在这时，他得到信息，说

少帝刘辩已被张让挟持着逃走了。董卓也不进京，立刻带兵往张让逃跑的方向追赶，并见到了少帝等人。张让见逃不掉，就投河自杀了。董卓看到少帝，下马行了君臣之礼。他发现少帝很胆怯，一直在哭，陈留王刘协却胆大心细，将事发经过完完整整地告诉了董卓。董卓发现少帝胆小懦弱，难以成事，而陈留王口齿清晰，思维敏捷，更有人君之望。也就是这一面，让董卓日后有了拥立刘协为帝的想法。

　　董卓护送少帝等人回到洛阳，又吞并了何进的部属，势力大增，成为京城中最大的"实力派"。尽管如此，朝中那些大臣仍然看不起他。为了树立自己的权威，董卓想效仿伊尹、霍光，废掉汉少帝，改立陈留王为皇帝。能够拥立一位新皇帝，当然就能树立绝对的权威了。于是，他就说他和抚养过陈留王的董太后是同族，又说陈留王聪明，有人君的气度，于是就废掉了少帝，改立陈留王为皇帝。为防止别人反对他，又在洛阳实行了恐怖统治，并由此成了东汉末年的社会动荡之源。

　　董卓之乱，从表面上看是董卓进京后，企图通过废立皇帝、铲除异己、树立个人权威以便控制朝政，实现自己的政治野心，实则是外戚和宦官集团权力争斗的结果。当然，其他势力也参与其中，并各有各的盘算。他们或想在混乱中谋取自身利益，或想借机发展自己的势力。总之，董卓之乱使东汉王朝的统治更加摇摇欲坠，加速了东汉的灭亡，并为形成三国鼎立的局面奠定了基础。

司马懿的隐忍之术有多厉害

在曹魏政权中，司马懿是一位备受争议的人物。他智谋超群，行事低调，历仕四朝，屡立战功。曹操对司马懿既任用又防范，一直没有授予他军政大权。司马懿也知道这一点，于是就选择隐忍，默默地积累着经验和人脉。这一忍就是几十年。曹操死后，他依然选择隐忍，稳步发展，没有露出丝毫破绽。

在曹叡时期，司马懿掌握了部分军权，并屡立战功，但依然受到曹氏宗亲的排挤和打压。尤其是曹芳继位后，曹爽大权独揽，对司马懿进行各种打压与防范，甚至剥夺他的实权，让他出任没有实权的太傅。司马懿仍然没有反抗，而是继续隐忍，甚至装病示弱，以麻痹曹爽，使其放松警惕。这一忍又是数年。其间，司马懿从未放弃对权力的追求。他表面上不问政事，却暗地里培植自己的势力，拉拢人心。他利用自己的影响力，逐渐形成了一股政治势力，同时密切关注着曹魏政权内部的变化以及外部局势的发展，等待能够夺得权利的时机。后来，当曹爽陪曹芳去高平陵祭祖时，司马懿趁机发动高平陵之变，迅速控制了京城，夺取了曹魏政权的核心权力。他的隐忍之术，不仅体现了他的性格特点，更是一种深谋远虑的政治策略。

贾诩的自保之道是什么

有人说贾诩是三国里最厉害的谋士,其智慧甚至超过了诸葛亮,除屡出奇谋外,还深谙自保之道。起初,他是董卓女婿手下的一个小军官。董卓死后,李傕等人准备开溜。贾诩说,你们这样逃跑,很快会被抓回来,不如杀回洛阳。众人觉得有理,就和他杀了回去。李傕等人占领洛阳后到处杀人放火,无恶不作。贾诩知道他们成不了事,当李傕想封他为侯时,贾诩坚决不受,不久就投奔了张绣。后来李傕等人失败,贾诩也没受到牵连。

贾诩为什么不投奔别人呢?因为只有弱小又缺乏主见的张绣才会重用他。事实证明,他是对的。张绣采用贾诩的计谋,两次打败曹操。袁绍想拉拢张绣,贾诩劝张绣拒绝袁绍而归附曹操。他认为曹操有王霸之志,一定会善待他们。果然,曹操很看重他们,还把贾诩留在身边。贾诩担心遭到曹操的猜忌,便行事低调,从不轻易发言,散朝后就闭门自守,从不与人私下交往,并暗自观察各方势力的消长,及时调整自己的站位,又暗中帮助曹丕巩固世子之位。曹丕称帝后,贾诩继续受到重用,平稳地度过晚年。

安史之乱是安禄山的野心还是另有阴谋

安史之乱爆发的原因是多方面的，既是安禄山的野心膨胀，也是社会矛盾激化的结果，当然还有杨国忠的刻意污蔑等多种因素。

首先是唐朝府兵制的瓦解。唐朝建立之初，实行的是府兵制，其特点是兵农合一。朝廷在全国各地设立折冲府，府兵平时为耕种的农民，农隙训练，战时出征，战争结束就回家，所以当时的府兵是有田地和收入的。到唐玄宗时，府兵制遭到了破坏，原因是土地兼并日益严重，大量土地落到贵族、豪强和地主的手里，农民逐渐失去土地，大量逃亡，使折冲府的户口大量流失，兵员严重不足。加上当时边患严重，征战频仍，折冲府又无兵可调，唐玄宗只好把府兵制改为募兵制。

募兵制就是由政府出钱来招募士兵，士兵的收入就是战利品和军饷。谁给发饷，谁能带领他们打胜仗，他们就听谁的话。将帅也容易用钱财来收买自己的军队，使他们效忠自己，形成自己的势力。而朝廷又不能把从各地征收的赋税作为军饷，交

给这些将帅。于是朝廷就设立节度使，让他们从自己统辖的几个州内征收赋税，以作军饷。渐渐地，这些节度使就成了集军权、民权、财权于一身的大军阀。当时安禄山就是身兼平卢、范阳、河东三镇的节度使，手下兵马20余万，占据唐朝总兵力的三分之一。

安禄山出身杂胡，通晓六国语言，善于察言观色，身体肥胖，却以骁勇闻名，通过阿谀奉承获得唐玄宗的信任，身兼三镇节度使，形成庞大的军事集团。他多次进京朝拜唐玄宗，看到唐玄宗骄奢淫逸，纵情声色，贪图享受，又武备松弛，逐渐滋生了叛乱之心。李林甫行政能力强，令安禄山十分忌惮。李林甫死后，安禄山认为应该由他来接任宰相一职，不料唐玄宗却任命杨国忠为相。杨国忠做宰相后，开始清算李林甫的势力，对安禄山处处打压排挤，把安禄山在朝中的党羽逐个铲除，并通过各种渠道搜罗其谋反的证据。

在与杨国忠争宠失败后，安禄山就已经有了危机感。于是安禄山就以防御侵略为由，在范阳郡城北边筑起了雄武城，储藏兵器、粮食，又派人购买战马，蓄养牛羊，暗地里准备叛乱。天宝十四载（755）十一月，安禄山以奉旨讨伐杨国忠为名，起兵发动叛乱，史称"安史之乱"。

可以说，安史之乱的发生不可避免，而安禄山与杨国忠之间的矛盾则是这场动乱的导火线，除此之外，安禄山的野心和当时复杂的社会矛盾，以及唐玄宗的怠政等诸多因素也促成了安史之乱的爆发。

甘露之变为何以失败告终

唐文宗继位时，宦官势力非常强大，已经威胁到了皇权。唐文宗继位后，一心想要除掉这些干政的宦官，但想要在短时间内解决这一问题谈何容易。

在郑注、李训的帮助下，唐文宗用毒酒赐死了宦官王守澄，接下来就要对付仇士良和整个宦官集团了。经过密谋，他们先让人奏报，说左金吾厅后面的石榴树上夜降甘露，再由唐文宗出面，让仇士良等宦官去院里察看，然后由金吾大将军韩约将他们一网打尽。不料，被仇士良看出破绽，立即返回内廷，控制住唐文宗，又派神策军发起反攻，被杀官员达六七百人。李训、韩约、郑注等先后被杀，接着又大索京城，大唐朝臣几乎被杀戮殆尽。从此，唐朝的皇权彻底掌握在宦官的手中。这就是著名的"甘露之变"。

究其原因，一是李训、郑注面和心不和，不能协同作战；二是考虑不周，没有失败后的预案；三是参与人员不谨慎，以致紧要关头露出马脚，给了敌人可乘之机；四是唐文宗没有可靠的军队作支持。

王安石变法为何阻力重重

王安石变法是我国历史上一次重要的政治改革，旨在解决国家财政困境、加强中央集权、提高农业生产力等问题。然而，这次变法在推行过程中却阻力重重，最终以失败而告终。

首先，改革触动了大地主大官僚的利益，遭到他们的强烈反对。这些保守势力掌握着大量的土地和财富，他们担心自己的利益受损，从一开始就站在王安石的对立面，强调祖宗之法不可改，如保守派官员文彦博就认为"祖宗法制具在，不须更张，以失人心"。他们除对新法大加攻击外，还蓄意阻挠新法的推行，如富弼做亳州知州时，就对王安石推行的青苗法置之不理，仍行旧法。

其次，宋神宗对新法的态度犹疑不定，既没有大力支持，也没有全面打击保守派，甚至纵容保守派的小动作。这种暧昧态度，让保守派认为他只是一时被蒙蔽，只要继续运作，就能重获皇帝的信任。比如，宋神宗对保守派官员富弼、韩琦、文彦博等，没有多加打击；富弼对青苗法视而不见，也仅是被调离原岗位，而未予严惩。而后，富弼不断上疏反对新法，宋神宗也没严厉回应。这些姑息纵容的态度，无疑是对变法势力的一种削弱。

再次，新法本身也有缺陷。如免役法，本来是想让乡村的中上层百姓掏点儿钱，来帮助民众代行徭役；试行时也说了，下层百姓不用交免役钱，待到推行全国时，下层百姓又要交纳这笔钱了。朝廷本意是要减轻老百姓的负担，结果反而加重了。又如青苗法，本意是在老百姓有困难时官府提供低息贷款，防止被高利贷盘剥。结果，许多家境殷实、原本不需要贷款的百姓也被迫接受贷款，反弄得倾家荡产。如此不合时宜之处，在新法中比比皆是，自然遭到广大老百姓的抵触。

再有，就是用人不当，执行不力。变法伊始，王安石就说过"非其人而行之，则为大害"。然而在新法推行中却屡屡用人失误，所托非人。比如吕惠卿，变法派中仅次于王安石的第二号人物，就是个人品低下、结党营私之人；唐坰更是心胸狭隘、利欲熏心，他本是守旧派大臣，一见变法派得势，立刻转变阵营前来投效。据学者统计，在王安石变法期间，几乎没有新晋进士成为变法派的骨干，所有变法官员要么是旧官员转型，要么是王安石特别举荐的人。而这些人中，也有许多并非衷心拥护新法的人士。

此外，变法期间，北宋还要面临来自辽国和西夏的军事压力，国家安全形势严峻，改革的重心常常被迫转移到应对外敌上，导致改革的推进受到阻碍。同时，变法也在朝廷内部引发了权力斗争，变法派与保守派之间的政策争议和权力争夺也增加了变法的阻力。

明末"红丸案"背后有什么阴谋

"红丸案"发生于泰昌元年（1620），受害者是明光宗朱常洛。朱常洛是万历皇帝的长子，一直不受宠爱。万历皇帝喜欢的是郑贵妃所生的第三子朱常洵，后来迫于压力，才立了朱常洛为太子，可郑贵妃一直心存不满，难免会用阴谋手段进行报复。

由于长期受到父亲的冷落，朱常洛心情很压抑，郁郁寡欢，又无所事事，只能借助酒色来填补精神上的空虚，所以他的身体一直不太好。做了皇帝后，朱常洛开始履行皇帝的职责，积极扭转万历朝后期的各种弊政。然而，一切刚有起色，"红丸案"就爆发了。

说起"红丸案"，不得不提起另外一件事，就是万历皇帝驾崩前留下一份遗诏，要朱常洛封郑贵妃为太后。朱常洛不愿意，并且这事也不符祖宗礼法，朝中大臣更是强烈反对，于是这事就搁置了下来。郑贵妃不死心，就选了八名美女送给朱常洛，又竭力笼络朱常洛的宠妃李选侍。朱常洛收到这八名美女后，非常高兴，但由于过度纵欲，不到半个月就一病不起了。此时掌管御药房的宦官崔文升，原是郑贵妃的内侍，朱常洛继位后，才得以掌管御药房。朱常洛让崔文升给他诊治，但崔文升没给他服用培元固本的药，反而给他用了去热通利的泻药。朱常洛本来就是纵欲过度，身体虚弱才卧床不起的，结果用了这种泻药，一昼夜连泻三四十次，致使身体极度虚弱，处于衰竭状态。于是，朝中大臣对崔文升进行猛烈的抨击，给事中杨涟认为朱常洛本来身体就虚弱，应当用补药，崔文升却用泻药，其心叵测，应当论罪。八月二十二日，朱常洛召见首辅方从哲等大臣，下令将崔文升逐出皇宫。

八月二十九日，鸿胪寺丞李可灼说，他有仙丹想进献给皇上。太监们不敢做主，就把此事禀报给首辅方从哲。方从哲说："他说是仙丹妙药，但我并不相信。"随后就和内阁的大臣们进宫探视朱常洛。此时朱常洛已经开始安排后事，又让皇长子出来和阁臣相见，并要他们辅佐皇长子，还问起自己陵寝的营造情况。而后，朱常洛问起鸿胪寺丞进药的事，方从哲劝他不要相信。朱常洛不听，并召见李可灼，让他给自己看病诊脉。待李可灼谈到发病原因和该怎样医治时，朱常洛很高兴，就让他献药，并和御医们研究如何用药，又让众臣都出去。辅臣刘一燝说："我两个同乡用过此药，一个没效果，一个有效，此药并非十全十美。"礼部官员孙如游也说："这药是否有用，关系极大，不能轻用乱用。"朱常洛不听，一再催促李可灼进宫献药。中午时分，李可灼调制好一粒红色药丸，让皇帝服用。

朱常洛服过红丸后，感觉还好。以前皇帝喝汤都喘，服药后竟不喘了。于是朱常洛让内侍传话："圣体用药后，暖润舒畅，思进饮膳。"诸臣欢呼雀跃，退出宫外，李可灼和御医们留在宫内。傍晚，朱常洛让李可灼再进一粒红丸，尽管御医们都表示反对，但是朱常洛坚持要再服一粒。众人不敢违抗，李可灼就又制了一粒红丸。服后，朱常洛感觉安适如前，没有什么不良反应，众人也都放下心来。谁知次日（九月初一）清晨，宫中传出圣旨，召集群臣速速进宫。众大臣顾不上洗脸漱口，匆匆穿上衣服，急奔宫中。还未跑进宫，就听宫内传来悲哀哭号之声，朱常洛于清晨归天了。这就是"红丸案"的全过程。

对于这突如其来的变故，满朝震惊。在众人惊愕的同时，也不约而同地把目光转移到郑贵妃身上。郑贵妃给朱常洛送美女，指使崔文升进药，大家都有目共睹，但李可灼是否也是受她指使，却没有真凭实据。本来朱常洛的身体就弱，已经病入膏肓，难以治愈，但又因为吃了进献的"红丸"，很快便气绝身亡。天启皇帝朱由校继位后，迫于舆论压力，只得罢免内阁首辅方从哲，理由是他未能阻止李可灼进药，又将崔文升发配南京，李可灼充军，草草了结此案。至于泰昌帝到底死于何因，郑贵妃是否是幕后主谋始终未解，这也成了明宫疑案。

乾隆修《四库全书》的真实目的是什么

《四库全书》是清代乾隆时期编修的大型丛书。乾隆继位后渴望在文治武功上有所作为。乾隆六年（1741），他下令访求天下藏书以充实宫掖。直到乾隆三十七年（1772），安徽学政朱筠上书提议辑录《永乐大典》中的散佚之书，这让乾隆萌生编修大型丛书《四库全书》的想法，欲借此彰显文治功绩。

同年二月，乾隆下旨征集各地孤本、珍本藏书，任命纪昀为总纂官，准备编纂《四库全书》。然而，起初一年没收上来几本书，原因是各省官员以为乾隆只是一时兴起，并未上心征集。乾隆大怒，下严旨，限半年为期，责令各省督抚进献图书，自己亲自担任正总纂，设立《四库全书》馆，正式开始编纂工作。

各省官员见皇帝认真起来，立刻行动。江南文风鼎盛，民间有大量藏书及私人藏书楼。地方政府为鼓励献书，制定奖励措施，征集到一些书籍。但乾隆不满意，再次督促，地方官采取各种手段搜罗书籍，各地书籍遂源源不断送至京城。在这些书籍中，出现了反清复明、清军入关后屠城杀戮及不利于清朝

统治的内容。乾隆大为震惊，制定"寓禁于征"方针，借编修《四库全书》对全国书籍进行全面审查，删改、抽毁或全毁不利于清朝统治的内容，以禁锢民众思想，巩固统治地位。

据统计，被销毁书籍的数量约为13600卷，焚书总计15万册，销毁版片总数170余种，8万余块。即使被收录到《四库全书》中的很多古籍也被篡改，就连一些涉及契丹、女真、蒙古的文字也被修改得失去了原貌。著名历史学家吴晗说："清人纂修《四库全书》而古书亡矣！"可见，其对中华文化的摧残和阉割。

在编纂《四库全书》的过程中，又大兴文字狱，许多知识分子相继遭到迫害。乾隆四十二年（1777），江西新昌县举人王锡侯因删改《康熙字典》被处死；浙江举人徐述夔因诗中愤懑之辞，被认为是诋毁朝廷，最后满门抄斩。类似这样捕风捉影、穿凿附会的文字狱，也贯穿了《四库全书》编修的全过程。

《四库全书》由纪昀等360多位高官、学者耗时13年编纂而成，内容丰富，包罗宏大，是对我国古典文化最系统、最全面的总结。然而，在其编修过程中，也伴随着对文化的审查与管控，反映了清朝统治者对思想统治的重视。

总之，乾隆编修《四库全书》，不仅有彰显文治功绩，宣扬大清盛世，巩固清朝统治地位的目的，更重要的是借修书审查历朝历代作者的书籍，消除反抗清朝统治的思想。

第五章

名臣将相的另一副面孔

关羽真的也曾"为爱痴狂"吗

在《三国演义》中,关羽对曹操的热情款待不为所动,即便曹操送来十名美女,也毫不动心,反而把美女送去服侍大哥刘备的两位夫人,其忠义之心、坚定之志,令人肃然起敬。

然而,史书上的关羽曾有过一段"为爱痴狂"的经历。

相传,建安三年(198),刘备和曹操在下邳合力围攻吕布,吕布麾下有一将名曰秦宜禄,其妻杜氏,倾国倾城。关羽心生倾慕,遂向曹操请愿,说自己妻子一直没有生下孩子,愿以战功换取杜氏为妻。关羽攻城前夕再三提及此事,这便勾起了曹操的好奇心。城破之日,曹操下令将杜氏带来一见。岂料,杜氏的美貌竟令一向好色的曹操心动不已,忘却了对关羽的承诺,将其纳为己有。

这段鲜为人知的历史记载告诉我们,看待历史要全面客观,避免先入为主和片面解读。

谁靠"说梦话"当上了宰相

在汉武帝时期,巫蛊之祸发生后,太子刘据自杀身亡,朝廷随即对太子一党展开清算。在此情形下,大臣们虽有心反对,却因惧怕引火烧身而无人敢发声。

此时,身为守陵小吏的田千秋挺身而出,向汉武帝呈上一封奏折,其中提到他梦见一位白发苍苍的老者说:"儿子擅自使用父亲的军队,不过是挨鞭笞的小罪过罢了。况且,皇帝的儿子犯了错,也算不上什么大事。"这一内容使得汉武帝深受触动,他对儿子的自尽一直怀有深深的悔恨与自责之情,此时便联想到梦中的老者或许就是高祖刘邦。于是,汉武帝召见了田千秋,并赐予他大鸿胪之职,位列九卿。之后,汉武帝又罢免了曾捉拿太子的宰相,改任田千秋为相。

田千秋由此平步青云,在担任宰相后,他谦逊谨慎,勤勉地处理政事。汉武帝驾崩后,新帝念及他年高德劭,特许他乘坐小车入宫朝见,因此他被称为"车丞相",连名字也被"改"作"车千秋"。最终,他安然享受了12年的太平宰相生涯,直至寿终正寝。田千秋仅凭包含梦话的一纸奏折便登上宰相之位,这样的经历可谓是亘古罕见。

冯道为何被称为"不倒翁"

在唐朝末年五代初期曾有这样一个官场奇人,让大家对他毁誉参半:有人认为他朝秦暮楚,一生竟效力于四个王朝、十位帝王;也有人赞颂他清廉爱民、擅长为臣之道。这位被后世喻为官场"不倒翁"的传奇人物,便是自称长乐老的冯道。

冯道的仕途始于幽州,初时他在节度使刘仁恭、刘守光父子麾下效力,颇有骨气与志向。当刘守光意图自封大燕皇帝时,冯道因直言进谏而被囚禁于牢狱之中。从此以后,他开始随遇而安、顺应时势。在后唐庄宗、明宗、闵帝、末帝,后晋高祖、出帝,后汉高祖、隐帝,后周太祖、世宗等朝代和皇帝更迭中,冯道始终身居高位。这样的经历,在五代时期堪称绝无仅有。

冯道虽无铁骨铮铮的硬气,却能宽厚待人、善待百姓。这或许正是他能够成为"十朝元老"的关键所在。在守父丧期间,当地的收成不佳,冯道便将剩余的俸禄全部用于赈济乡民,自己则住在简陋的茅草棚中,对官吏所赠的财物更是分毫不取。他事亲至孝、济民于困厄之中,同时也不忘提携贤良之士,因此在五代时期享有极高的声誉,无论是贤能之士还是平庸之辈,都对他敬仰有加。

在那个"人吃人"的年代，宽厚与正直让冯道躲避了许多争端。他既不贪财也不好色，后唐明宗曾赞他为"真士大夫也"。此外，由于五代时期的帝王多为武将出身，文化素养有限，而冯道却诗词歌赋样样精通，正好能够弥补武人主政方面的不足。

冯道虽然是"不倒翁"，但阿谀奉承并不是他的护身符。《新五代史》中记载了三处他向君主积极诤谏的事例；而在《旧五代史》与《册府元龟》中，其诤谏的事例更是多达九处和七处。可见，高洁的品格也帮助冯道在乱世洪流中屹立不倒。

无论是定鼎中原的后唐明宗、后晋高祖、后周太祖、世宗等帝王，还是辽国的契丹君主，都对冯道礼遇有加。尤其是在他病逝后，后周世宗还特意为他辍朝三日以示哀悼，并追封其为瀛王、赐谥号文懿。在"五代十国"这样的乱世里，冯道凭借智慧的为官之道与心系百姓、廉洁公正的品格，做到历四朝十位君王而不倒，也算是传奇了。

铁面无私的包相爷其实不是宰相

在中国漫长而波澜壮阔的历史画卷中,有一位闪耀着正义之光、铁面无私的传奇人物——包拯。

秦腔名剧《铡美案》中,秦香莲那一句"相爷替民伸屈冤",如黄钟大吕般在人们耳畔回响,充分表达了百姓对包拯的尊崇与感激。然而,这位被百姓亲切称为"青天相爷"、为民申冤、造福百姓的人物,实际上却未曾真正担任过丞相一职。

包拯出生于北宋时期,在天圣五年(1027),他凭借卓越的才识高中进士,本应踏上辉煌的仕途,大展宏图。但包拯是个至孝之人,因放心不下年迈的父母,毅然决定放弃入朝为官的机会,留在家中悉心照料双亲。在那段日子里,他尽心尽力,用行动诠释着孝道的真谛。直到父母相继离世,包拯守孝期满,在亲友的反复劝说下,才终于决定步入仕途,为国家和百姓贡献自己的力量。

宋景祐三年(1036),包拯初任天长知县。在这期间,他深入百姓,了解民间疾苦,以智慧和果敢解决了诸多难题。随后,他又调任端州知州。端州以出产优质砚台而闻名，以往的官员常常借此中饱私囊，但包拯以身作则，廉洁奉公。

回京后，包拯被任命为监察御史。这一职位赋予了他直接弹劾不法官僚的重大权力。包拯充分发挥自己的职责，刚正不阿，不畏权贵。他曾七次上书弹劾江西转运使王逵，王逵仗着权势为非作歹，欺压百姓，包拯毫不留情地揭露他的罪行，还大胆批评朝廷的任官制度。

嘉祐元年（1056），包拯被任命为权知开封府。开封乃北宋都城，政务繁杂，治理难度极大。但包拯毫不畏惧，凭借卓越的治理才能和公正无私的品格，在短短两年的时间里，将开封府治理得井井有条。他执法严明，不徇私情，无论是达官贵人还是平民百姓，在法律面前一律平等。百姓们对他心悦诚服，衷心爱戴和敬仰。包拯清廉公正的名声也因此更加远播，成为正义的象征。

嘉祐六年（1061），包拯官至枢密副使，这是一个管理军国大事的重要职位，其权力与宰相相当。他在任期内，依然兢兢业业，为国家的稳定和繁荣殚精竭虑。

次年五月，包拯不幸病逝。消息传出，整个京城为之震动，"京师吏民，莫不感伤"，大街小巷皆闻叹息之声。人们为失去这样一位清官、好官而悲痛不已。

回顾包拯的一生，他虽未获丞相之名，但他的实际贡献却早已超越了许多尸位素餐的"真宰相"。他以自己的忠诚、正直、勇敢和无私，为百姓撑起了一片公正的天空。

秦桧真是金国派来的奸细吗

秦桧无疑是陷害岳飞的大罪人。岳王庙中那副"青山有幸埋忠骨,白铁无辜铸佞臣"的对联,不仅寄托了世人对岳飞的无限敬仰与惋惜,更深刻地表达了人们对秦桧的入骨痛恨。世人眼中的秦桧窃权弄柄、勾结敌人、无耻求和、屠戮忠良、贪污受贿,种种恶行罄竹难书,令人发指。然而,秦桧真如世人所咒骂的那样,是金人放回的奸细吗?

秦桧是金人奸细的说法,出自朱胜非的《秀水闲居录》,大意是,秦桧在被金人俘虏后,竟被任命为官,金人不仅赐予他钱财,还给他讨老婆。当秦桧带着全家返回南宋时,竟一身锦衣华服。他自称是逃出来的,但这样的装扮却让人难以相信他真是一个逃难之人。于是,便有了秦桧是金国派来陷害岳飞的奸细之说。

然而,作者朱胜非和秦桧素有嫌隙。朱胜非的岳父与当时的宰相张邦昌私交甚笃。原本,朱胜非有机会借助张邦昌的关系,为自己的政治生涯谋求更多便利。然而,由于秦桧的介入,

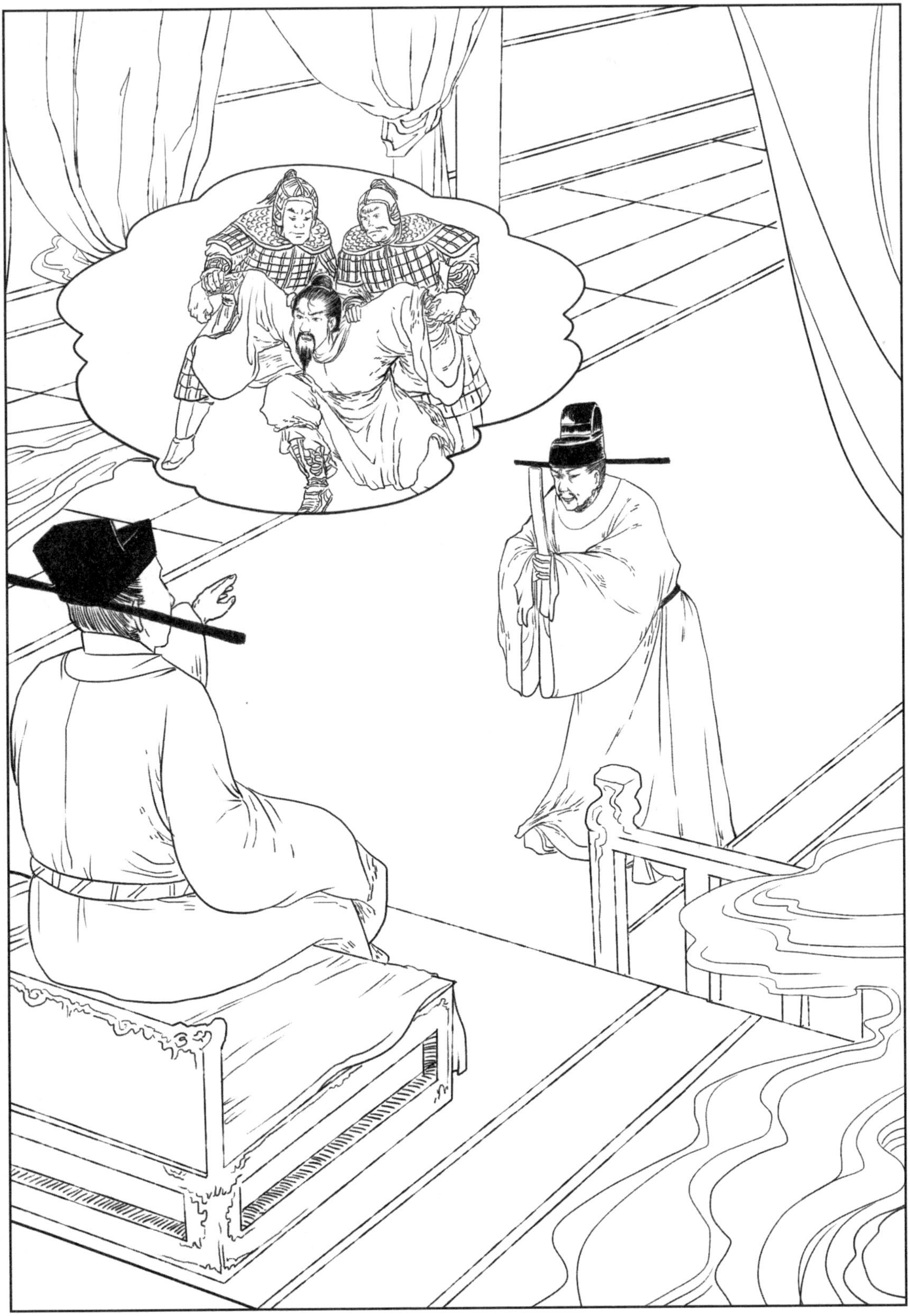

不仅张邦昌丧命，朱胜非更是被废居 8 年之久。因此，《秀水闲居录》中关于秦桧乃金人奸细的记述，可能是朱胜非出于报复心理而进行的臆断与编造。

进一步分析《秀水闲居录》中的记载，我们不难发现其中的诸多疑点。秦桧在官场中摸爬滚打多年，以他的狡猾与心计，或许真的有可能从金人手中逃脱。但这一过程中的具体细节，史书中并无明确记载，后人难以得知真相。

诚然，将秦桧视为金人奸细的说法也许有些偏激。但不可否认的是，他回来后的种种行径，却足以让人将其与金国奸细画上等号。他力主与金人议和，更以"莫须有"的罪名将忠良岳飞置于死地。这一系列举动不仅违背了忠臣良将的操守与底线，更让世人对其痛恨不已。

虽然历史的真相往往更为复杂，但陷害岳飞终究是秦桧永远无法洗刷的污点。他的恶行不仅让世人对他痛恨入骨，更让他在历史上留下了遗臭万年的骂名。一句"人在世间羞名桧，我于坟前愧姓秦"道出了多少人对秦桧的鄙视与唾弃。纵使他不是金国的奸细，但在世人的心目中，他依然无法在岳飞墓前挺直腰杆。

岳母有没有在岳飞背上刺字

提起岳飞，我们都会想到岳母刺字的典故。岳飞出征前，岳母拿针在他背后刺下"精忠报国"四个大字，以此提醒儿子莫要忘记报效朝廷。那么，岳飞背上是否真有"精忠报国"四个字？又是否真乃岳母亲手所刺呢？

首先，岳飞背上的四个字并非"精忠报国"，而是"尽忠报国"。《宋史》第三百八十卷《何铸传》描述岳飞袒露后背受审之时，背上的"尽忠报国"四字，已"深入肤理"。

就刺字这件事而言，岳飞之母虽深明大义，但她终究只是一介村妇，识文断字可能都很困难，更遑论刺字之技。而刺字是个手艺活，非专业人士难以胜任。《水浒传》中林冲、杨志等人刺面充军时，都须"唤个文墨匠人"才能行刑。明朝冯梦龙的《精忠旗》曾写道，岳飞背上的"尽忠报国"是岳飞为了给背主忘君的人敲一个警钟，让自己的手下张宪刺的。

康熙五十三年（1714），《如是观传奇》首次将岳母刺字的情节纳入其中，从而被人们误传开来。

徐达真的是因吃蒸鹅而死吗

传说明朝开国大将徐达身患背疽,朱元璋赐其蒸鹅膳致其病亡。清朝赵翼说此为无稽之谈。这一说法真的可信吗?

在《明史》《明通鉴》《明实录》等史书中,均未有徐达是因吃了朱元璋赐下的鹅肉而死的记载。最早提及徐达死于朱元璋赐食的是《翦胜野闻》。这本书刊印于明朝中期,专记一些明初的轶事。清朝《四库全书总目提要》更是对《翦胜野闻》的可靠性提出了质疑。此外,考虑到朱元璋曾为整顿官场腐败而对权贵官员痛下杀手,那些因利益受损而心生不满的文人士大夫极有可能通过编撰此类故事来抹黑朱元璋的形象。

从医学角度来看,背疽的恶化与吃鹅肉之间并无必然联系。"背疽"是由细菌引起的急性、化脓性蜂窝组织炎,而古代医疗条件有限,其致死率极高。但鹅肉的药性在中医典籍中被认为其味甘性平、清热解毒,甚至可能对治疗背疽有辅助作用。因此,吃鹅肉导致徐达病情加重的说法显然站不住脚。

事实上,徐达为人低调,从不结党营私、贪污腐败,朱元璋没理由杀他。因此,无论是从历史文献、医学知识还是逻辑推理的角度来看,徐达"食鹅致死"的传闻都是缺乏依据的。

吴三桂真的"冲冠一怒为红颜"吗

吴三桂"冲冠一怒为红颜"的故事广为人知：当听说李自成的部将强占了他的爱妾陈圆圆时，吴三桂便引多尔衮率领的清军入关，最终导致了明朝的覆灭。然而，一个女子真能使吴三桂至此吗？让我们先来回顾一下这段历史故事。

崇祯十七年（1644）三月初，李自成的农民起义军势如破竹，接连攻克大同、真定，然后向北京西部进攻。北京城成为农民军进攻的目标，危在旦夕。崇祯帝情急之下，封吴三桂为平西伯，希望他能如天降神兵，挽救危局。

据《明史》记载，吴三桂走了16日才抵达山海关，一路上"迁延不急行，检阅步骑"。在抵达河北丰润时，接到了北京城被农民起义军攻陷、崇祯帝在煤山自缢的惊天噩耗。同时，居庸关总兵唐通也投向了农民起义军。为防止唐通乘虚而入，吴三桂只能撤回山海关。此时，孤立无援的吴三桂陷入两难境地——是归降李自成的大顺政权，还是投靠多尔衮摄政的清廷？

按理说，吴三桂投降李自成是顺应时势的，毕竟改朝换代

乃历史常态。更何况此时的李自成多次派使者劝降吴三桂。正当他犹豫不决之际，两封书信的到来犹如晴天霹雳。一封来自父亲吴襄，力劝吴三桂归顺李自成；另一封文书则告知吴三桂，其父吴襄是被李自成逼迫才写下劝降信，更重要的是，吴三桂的爱妾陈圆圆也被李自成的部下霸占了。吴三桂怒不可遏，当即拔剑将来使双耳割去，并让其捎话，叫李自成提头来见。李自成闻讯大怒，亲率20万大军征讨吴三桂。两军交锋，吴三桂初战不利，只得向多尔衮求援。多尔衮提出条件，要求吴三桂剃发降清，方肯出兵相助。

然而，陈圆圆之事虽为导火索，却非吴三桂降清的唯一原因。此时，李自成在北京纵容部下烧杀抢掠，所作所为早已传遍四方。相比之下，多尔衮摄政的清朝制度严明，远胜于李自成。或许，吴三桂正是看到了这一点，才在权衡利弊后选择了降清。

在吴三桂向多尔衮请求援助之后，清廷便将吴三桂视为归降的将领，并命令吴三桂的军队担任先锋追击敌人。为了表彰他的功绩，还授予吴三桂平西王的印玺。我们可以看出，即使不为陈圆圆，出于个人利益的考量，吴三桂也会决定归顺清朝。

为了师出有名，吴三桂在崇祯帝逝后令全军戴孝，既是为明朝尽忠，也是为自己和李自成的对决寻找一个冠冕堂皇的理由。最终，清军在山海关大战中大获全胜，李自成军溃败而逃。吴三桂也不敢不兑现自己"剃发降清"的承诺。

虽然"冲冠一怒为红颜"的说法流传已久，但吴三桂的抉择背后更多的是复杂时局的驱使和个人利益的权衡。

李鸿章真的是卖国贼吗

说到中国近代史,李鸿章的名字几乎无人不晓。作为《马关条约》与《辛丑条约》的签署者,他承受了万民的唾骂与指责,甚至有人怀疑他收受了日本人的贿赂,公开扬言要取其性命,以雪心头之恨。诚然,这些不平等条约确实给中国人民带来了深重的灾难,使中国落后于其他国家。但深入剖析条约签订的始末,我们不难发现,李鸿章只是奉命行事,所有条款均经朝廷批准,他并未私下里出卖国家的利益。

李鸿章作为清政府的重臣,多次代表朝廷与列强进行交涉。一个落后国家的代表去和如狼似虎的列强周旋,自然是要受到侮辱的。每当清政府走向深渊之时,李鸿章都要"出场"为清政府"背锅"。1896年,俄国沙皇加冕,各国纷纷派官员祝贺,而清政府再次将这个任务交给了李鸿章。尽管他以在马关被刺为由极力推辞,但朝廷却坚决不准,最终他只能无奈接受,并表示"非敢爱身,唯虞辱命""一息尚存,万程当赴"。

因此,轻易给李鸿章贴上"大汉奸""卖国贼"的标签似乎有失偏颇,他也是有功劳的。第二次鸦片战争后,面对列强

的侵略，他清醒地意识到"穷则变，变则通""富强相因"。于是，他积极倡导洋务运动，主张学习西方的先进技术和管理经验，以图自强。在他的参与下，洋务派创办了中国近代第一个军工企业、第一条电报电缆线、第一座钢铁厂、第一支海军舰队、第一个电报公司……

与此同时，李鸿章还兴办新式学堂、派遣留学生出国深造，培养了大批优秀人才。在这些留学生中，涌现出"中国铁路之父"詹天佑、中华民国第一任国务总理唐绍仪、北洋大学堂校长蔡绍基等诸多历史名人。

梁启超曾言："敬李鸿章之才""惜李鸿章之识""悲李鸿章之遇"。在风雨飘摇、强敌环伺的时局下，李鸿章尽到了身为臣子的责任。对于他的功与过，我们不能简单地以"卖国""罪人"来概括或评判。

第六章

历代名人做过的生猛事

为什么说孔夫子很"能打"呢

在许多人的眼里,孔子只是一个文弱的教书先生,总是温文尔雅、慈眉善目的样子。那么,历史上真实的孔子果真如此吗?答案是否定的。

首先要从孔子的父亲说起。孔子的父亲是武艺高强的鲁国名将叔梁纥。在偪阳之战中,他双手撑住城门,引领鲁国大军安然撤退,成功避免了全军覆没的厄运。因此,鲁国人称赞其为"大力士,勇猛如虎"。

虎父无犬子,孔子也继承了父亲不凡的基因。据《史记·孔子世家》所载,孔子身高九尺六寸,人们都认为他的身高异于常人。九尺六寸换算成现代计量单位,约为两米,即便是在今天,这样的身高也堪称巨人。

再说孔子的力气。《列子·说符》中记载道,孔子能够徒手推开城门,但他却从不炫耀自己的力量。试想,如此高大的身躯,加之惊人的力量,无论是放在古代还是现代,都足以令人敬畏三分。他打下一拳,恐怕常人难以承受。

孔子不仅个子高、力气大,而且还是长跑健将。用今天的话来说，可谓是"六边形战士"。《淮南子·主术训》记载，孔子的跑步速度比野兔还快，力量大得能举起闩城门的横木。除此之外，孔子的射术同样精湛，是当时公认的神箭手。据《礼记·射义》所述，每当孔子射箭时，总是能吸引众多观众前来围观，将整个场地围得水泄不通。

鲁国权臣季氏曾派孔子的弟子冉有征战沙场。冉有凯旋后，季氏大喜，问冉有打仗的本事是跟谁学的，冉有说是向孔子学的。由此可见，孔子能文能武，不仅教导弟子们仁礼之道，同时也传授他们行军打仗的技艺。

孔子并非人们印象中的文弱书生，而是一位文武双全、才华横溢的伟人。他的形象远比我们想象的要更加立体和丰满。

刘禅不是"扶不起的阿斗"

人们常常用"扶不起的阿斗"来形容一个不争气的人。"阿斗"是指蜀后主刘禅。在《三国演义》中,刘禅即使得诸葛亮、姜维等贤才智囊辅佐,却毫无建树,只宠信陪自己玩乐的宦官黄皓,最终导致蜀汉覆灭,投降司马昭后又"乐不思蜀",俨然一副无能昏君的模样。但事实上,刘禅的执政时间长达41年,刘禅若真乃"扶不起"之辈,何以能稳坐龙椅如此之久?实际上,刘禅自有过人之处,值得我们深入探究。

刘禅并非如演义所描绘的那般愚不可及。《三国志》记载,刘禅自幼便随刘备颠沛流离,在诸葛亮的教导下,学习《韩非子》《六韬》等各类治国典籍,还曾学射练武。诸葛亮在《与杜微书》中评价刘禅个性温和、天资聪颖,且继承了刘备慧眼识人、善待百姓的优点。

公元223年,刘备在夷陵之战惨败后不久抱憾而终,年仅17岁的刘禅临危受命,接过蜀汉的重担。虽然初期在诸葛亮的严格辅佐下,刘禅的自主决策空间有限,但他并非一味顺从。在诸葛亮北伐的漫长岁月里,他多次提出停止征战、让人民休养生息的建议,展现出对民生疾苦的深切关怀和对国家未来的深思熟虑。

诸葛亮死后，刘禅开始显露自己的才能。他任命蒋琬为大司马，姜维为卫将军，主管军事；费祎为尚书令，主管政务，彼此之间互相制衡。公元240年，羌胡人作乱，蒋琬提出水路出兵平叛，朝议一致反对。刘禅听后，马上派费祎、姜维劝说蒋琬暂勿出兵。后来姜维、费祎、蒋琬等大臣共商认为，羌胡人心存汉室，可以结交。后主刘禅当即同意，立即命人负责联结事宜。刘禅的做法充分体现出善于倾听建议、果断处理突发事件的能力。

刘禅和刘备一样，擅长用智慧的方式笼络人心。武将魏延被杨仪设计斩杀后，刘禅并没有因诸葛亮生前认定的"反骨"而对魏延盖棺定论，而是念其生前立下的功劳，下旨厚葬，以此来安抚诸位武将继续为蜀汉效力。公元249年，魏将夏侯霸投奔蜀汉，但因为山路崎岖难行，夏侯霸即使走破了脚也还是找不着路。刘禅得知后立即派人前去接应，并动情地安慰说："你的父亲是在沙场战死的，不是我的先人手刃的。"一句话巧妙地化解了上一辈的恩怨，可以说，这种高超的用人手段，绝非"无能"二字可以概括。

然而，历史总是充满误解。公元263年，当魏军兵临城下时，刘禅选择了投降而非抵抗，后来还（不是投降时说的）说出"此间乐，不思蜀"。这句话在后世引发了无数争议与指责。刘禅有无奈与苦衷，他之所以选择投降，并不完全是贪生怕死，而是为了保全百姓免受战火之苦。"乐不思蜀"的表象之下，隐藏着他深沉的哀愁与无奈。

陶渊明是真的喜欢田园生活吗

陶渊明是田园诗的开创者。其诗以纯朴自然的语言风格和高远脱俗的意境，在中国诗坛上开辟了全新的天地。他不仅是"隐逸诗人之宗"，更是"田园诗派之鼻祖"。然而，我们不禁要问，陶渊明是否真的对田园生活情有独钟呢？

陶渊明，名潜，字元亮，出生于寻阳柴桑的一个没落仕宦家庭。他的曾祖陶侃是东晋的功臣，官至大司马；父亲也曾担任太守一职。因此，陶渊明在儿时，家境尚算富裕。然而，随着父母的相继离世，他开始陷入困顿。为了补贴家用，29岁的陶渊明不得不踏上仕途，开始了为官生涯。

陶渊明的一生中，共有5次踏入官场。然而，由于晋朝实行九品中正制的选官制度，"举贵不举贤"的门第观念根深蒂固，再加上当时权力斗争激烈，官场中充斥着勾心斗角和尔虞我诈。在这样的环境下，陶渊明难以施展自己的抱负，更不愿低声下气地对上司阿谀奉承。因此，他总是任职一段时间后，便会辞官，回到"采菊东篱下，悠然见南山"的田园生活。

陶渊明最后一次为官是在彭泽担任县令。当时，彭泽郡的

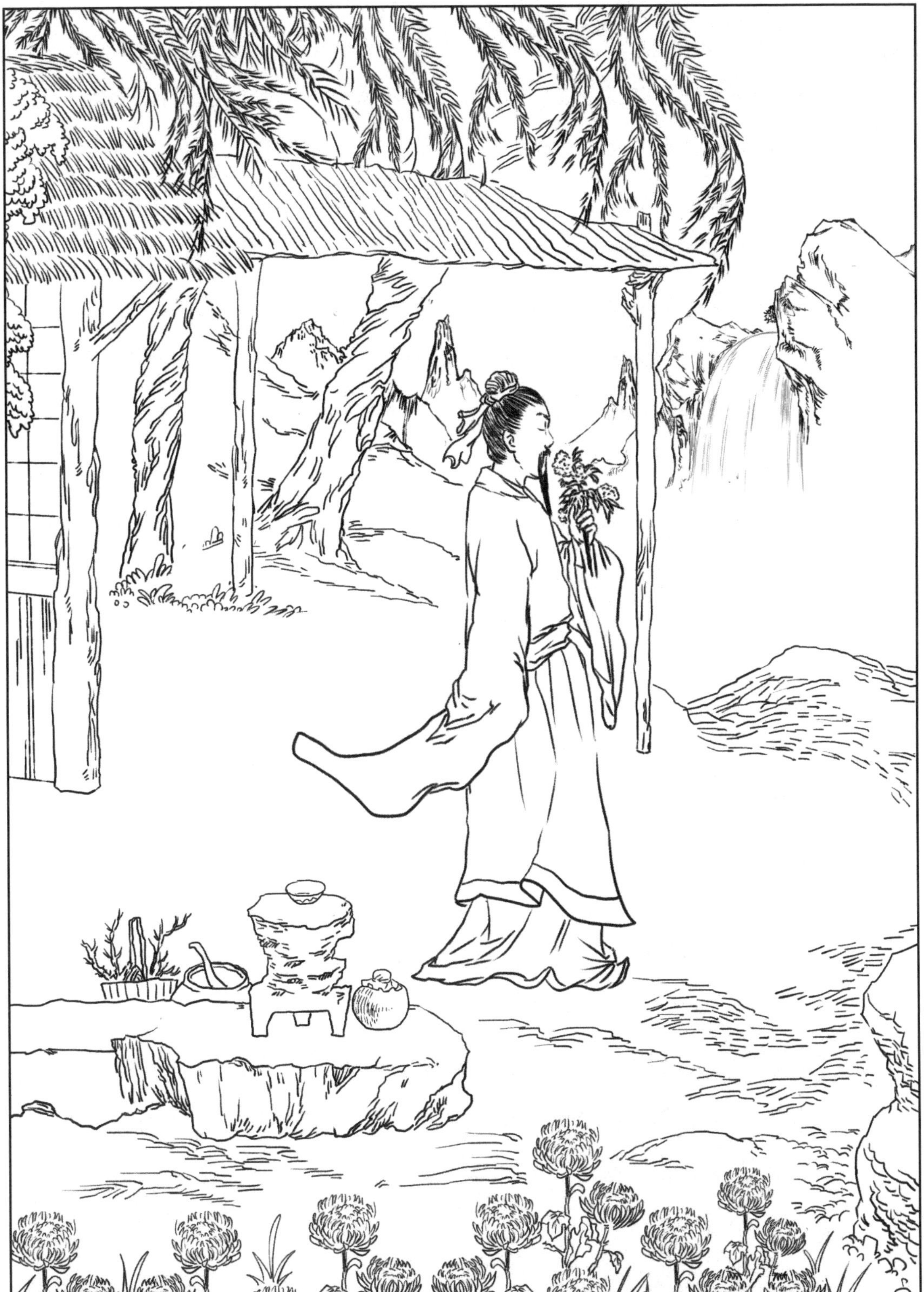

官员要求他穿戴整齐迎接一位前来巡视的粗俗督邮。然而，陶渊明不愿受此屈辱，留下一句"不为五斗米折腰"后，便毅然决然地离开了官场，回归田园。此后，他写下了著名的《归去来兮辞》，以表明自己的志向。

《归去来兮辞》分为序和辞两部分。序中主要讲述了陶渊明家境贫寒、身在官场心在田园以及妹妹辞世等归隐的原因；而辞的部分则细腻地描绘了他归家途中的所见所感以及归田后的愉快心情。

陶渊明看似洒脱归隐的背后，却深藏着无奈与忧愁。从陶渊明最终归隐的原因中，我们可以看出他的心灵曾一度为"形体"所役使。陶渊明最初为官是为了贴补家用，而他在《归去来兮辞》的序中，也坦言是因为彭泽的公田丰饶，所以才求官于此。尽管他在幡然醒悟后明白了选择官场是错误的，并下定决心归隐田园，但这归田的宣言中却蕴含着他痛彻心扉的自责与自怨。

初读《归去来兮辞》，能感受到陶渊明归家的欢快轻松。再品此诗，会发现其中蕴含着他官场不得志、抱负难施的困境，以及坚守节操、不与世俗同流合污的高洁品格。陶渊明少年受儒家思想影响欲建功立业，后因现实失望转而倾心道家，热爱自然。他注定难在官场如意。顺应自然、淡泊名利、乐天知命是其最终归宿。

王羲之爱鹅成痴为哪般

王羲之"写经换鹅"的故事在民间广为流传。据说,山阴有一个道士养了许多鹅。一日,王羲之途经道士那里,看见一群鹅正在水面上悠闲地浮游,便央求道士把鹅卖给他。可那位道士却笑着说:"我的鹅是不卖的,如果你能为我书写一部《黄庭经》,那么鹅就全归你。"王羲之欣然允诺,花了半天时间写下《黄庭经》,最后如愿以偿,带着鹅回家了。

王羲之对鹅如此偏爱的原因是可以通过观察鹅的动态来领悟书法的线条之美。他将执笔之态作鹅头昂扬微曲,将运笔之势化为鹅掌拨水之姿。以《兰亭集序》为例,其中21个"之"字的写法皆是根据鹅的姿态演化而来。清代著名书法家包世臣因此以一首诗概括出王羲之学书法与养鹅之间的关联:"全身精力到毫端,定台先将两足安。悟入鹅群行水势,方知五指力齐难。"后人也据此总结出了"鹅项舒,笔妙徐;鹅项转,笔妙展;鹅项鸣,笔妙惊;鹅项曲,笔妙独……"的书法歌诀。

王羲之通过对鹅的立姿、形态的用心揣摩与领悟,成功地将自然之美融入书法艺术之中,从而创造出了独具神韵、流传千古的书法佳作。

李白因捞月而死吗

"诗仙"李白是我国最为杰出的浪漫主义诗人,他可以说是大唐盛世浓墨重彩的一笔。但是关于李白的死因,却一直扑朔迷离。

关于李白"喝醉后跳入水中捞月"的说法,最早出自唐末进士王定保的《唐摭言》。后来,李白的"头号粉丝"苏轼也认为李白是捞月而死的。这从他的诗句"一朝入海寻李白,空看人间画墨仙"中可以看出。除此之外,北宋诗人梅尧臣亦在他的《采石月赠郭功甫》一诗说:"醉中爱月江底悬,以手弄月身翻然。"

但是,事实当真如此吗?还有许多文献记述,李白是病死的。李白族叔李阳冰在《草堂集序》中曾回忆李白临终前的情景,字里行间对这位才华横溢却命运多舛的族侄透露出无尽的惋惜。李白死后29年,唐朝官员刘全白在《唐故翰林学士李君碣记》中也说李白是行至采石江之后,因为疾病去世的。而晚唐学者皮日休则在《七爱诗》中说李白是"竟遭腐胁疾,醉魄归八极"。

现代学者依据皮日休的"腐胁疾"一说,从医学角度对李白之死进行了深入剖析。他们认为，李白在晚年仍试图从军报国，却在行至金陵时突发疾病，最终只能无奈返回。此后不久，他便病逝于当涂。有学者推测，李白之死很可能与所患的"腐胁疾"恶化密切相关。

除了因病而终和醉酒捞月两种说法外，还有观点认为李白是因年老体衰、饮酒过度而离世的。李白的嗜酒之名远播四海，他的诗作中充满了对美酒的热爱与向往。然而，对酒的痴迷或许也悄然埋下了终结他生命的伏笔。当酒成为他心灵的慰藉之时，是否也悄然变成了夺走他生命的恶魔？

然而，无论是哪种说法，都无法完全揭开李白之死的真相。据《全唐书·李白传》记载，李白曾因卷入永王李璘谋反案被流放夜郎，后虽遇大赦得以归来，但终因饮酒过度而在宣城醉逝。这一说法亦存在诸多疑点，比如李白实际死亡地点与传说中的不符等。因此，关于李白之死的真相至今仍是一个未解之谜。

无论如何，李白超凡脱俗的才华与浪漫不羁的灵魂已永远镌刻在历史的长河中。《临路歌》更是李白一生追求与失落的真实写照：

大鹏飞兮振八裔，中天摧兮力不济。

馀风激兮万世，游扶桑兮挂石袂。

后人得之传此，仲尼亡兮谁为出涕。

在这首诗中，我们仿佛能看到难得回归尘世的诗仙正用尽最后的力气去追逐他的理想，即便它们最终都如泡沫般一一幻灭。

杜甫是被撑死的吗

关于我国唐朝著名诗人杜甫的死因，坊间流传着一种说法，说他是"被撑死"的。这种说法究竟从何而来呢？

据《新唐书》记载，杜甫在沿水路前往郴州投亲的途中，遭遇了一场大洪灾，导致他的孤船被困在江中数日。耒阳县的县令得知了杜甫的困境，将他从洪水中救出，并派人送去烤牛肉和一坛白酒以解其饥渴。杜甫在极度饥饿后，立即大吃大喝起来。老年人的消化系统本就脆弱，暴食暴饮更是让饿了很久的肠胃不堪重负。酒足饭饱睡下后，杜甫便再也没有醒来，史称"饫死耒阳"。现代医学认为，暴饮暴食极易引发急性胰腺炎，严重时可致命。据此推断，杜甫可能死于重症胰腺炎。

"饫死"一词对于这位诗坛巨匠而言并不光彩，简单来说，就是"撑死"的。因此，史学大师郭沫若提出了食物中毒的理论，认为若牛肉保存不当，容易变质产生毒素。毒素在牛肉变质后 24 至 28 小时内最为强烈，可导致神经麻痹和心脏问题，从而致命。郭沫若在分析了杜甫的身体状况后，认为食物中毒致死是完全有可能的。

尽管郭沫若的食物中毒说与传统"饫死"说在死因上有所不同,但两者都未否认杜甫死于过量饮酒和食用肉类。

然而,学术界也有不同的声音。有学者指出,新旧《唐书》中关于杜甫死因的记载都源自唐代官员郑处晦的《明皇杂录·别录》,而《明皇杂录》属于笔记小说,其内容的真实性值得怀疑。还有人认为杜甫是因病去世,因为深入研究杜甫的诗作后发现,他生前患有严重的糖尿病,这种"甜蜜的杀手"可能是夺走他生命的元凶。然而,"病死说"同样缺乏确凿的文献证据。因此,在缺乏科学定论的情况下,尽管存在争议,"饫死"之说仍不应被轻易否定,毕竟它已被正史所记载。

朱熹纳尼姑为妾是真的吗

南宋宁宗庆元二年（1196），一代大儒朱熹突然间被"纳尼为妾""伪君子""假道学"的指责声所淹没，名声遭受严重损害。那么，历史上的朱熹是否真的"纳尼为妾"？要追溯这一事件的根源，我们必须从"庆元党案"开始说起。

《宋史》记载，宋宁宗赵扩在位时期，监察御史沈继祖弹劾朱熹，列举了朱熹的十大罪状，其中特别指出"诱引尼姑二人以为宠妾，每之官则与之偕行"。

"庆元党案"实际上是一场激烈的政治斗争。在宁宗时期，外戚韩侂胄一度控制了朝政，而朱熹的挚友、时任宰相的赵汝愚则成为其独断朝纲的主要障碍。韩侂胄为了打击赵汝愚，同时考虑到其门生众多，担心直接行动会对自己不利，于是策划了一场针对赵汝愚、朱熹及其门生的政治打击。恰逢沈继祖升任监察御史，他便和韩侂胄一同呈上"弹劾状"。最终，宁宗同意了奏章的内容，将赵汝愚贬谪永州、朱熹罢去官职。

令人费解的是，朱熹在上表认罪时还承认了"私故人财""纳其尼女"等数条罪状，承诺要改过自新。而这份认罪表，也成了后世辱骂朱熹是个"伪君子"的主要依据。

沈万三真的有聚宝盆吗

沈万三,原名沈富,亦称沈秀,字仲荣,号万山。因排行第三,故得名沈万三。沈万三是元末明初的江南第一富豪,曾帮助明太祖朱元璋修筑南京城墙,还想出资犒军,没想到却引来朱元璋的猜忌,落得家产抄没、流放云南的凄凉下场。

民间传说,沈万三财富的来源是一只聚宝盆,内藏无数财富,取之不尽,用之不竭。这当然是无稽之谈,但沈万三确实也有自己的"聚宝"之道。他先是继承了父亲的家业,以垦荒耕种、广辟田宅起家。

沈万三开垦的都是别人不要的荒地,耕种不善就会血本无归,他大力改良土壤、兴修水利、改善耕种方法,才使得不毛之地成为良田。可以说,此时勤劳和智慧是他的"聚宝盆"。

有了"第一桶金",沈万三开始以家乡周庄便利的水运交通为基础,开展"通番"(国际贸易),这才是他成为江南第一富豪的重要原因,也是他真正的"聚宝盆"。

唐伯虎究竟点过秋香没有

自冯梦龙的小说《唐解元一笑姻缘》问世以来，加上民间传说和戏曲的传播，唐伯虎与秋香的故事在中国民间广为流传，诗画双绝的才子唐伯虎也成了中国家喻户晓的历史人物。在民间传说中，唐伯虎被描绘成拥有众多妻妾、风流倜傥的富豪形象。然而，这与他的真实形象大相径庭。

历史上的唐伯虎并没有传说中的风流韵事，他的生活实际上相当清贫，一生充满了挑战。唐伯虎在十四五岁时师从著名画家周臣，画艺逐渐达到炉火纯青的境界，与祝枝山、文征明、徐祯卿并称为"吴门四才子"。正当唐伯虎踌躇满志，准备大展宏图之际，却因科举舞弊案受牵连，从此科举之路被阻断，功名化为泡影。妻子何氏见唐伯虎仕途无望，便日日与他争吵，最终唐伯虎写下休书，将何氏送回娘家。之后，他娶了青楼女子沈九娘为妻，两人情投意合，唐伯虎从此专心致志于绘画之道，艺术造诣大为提升。

明正德四年（1509），唐伯虎在苏州城北建立了桃花庵，自号桃花庵主，他一生中的主要艺术作品也在此诞生。唐伯虎的一生充满了坎坷，晚年生活贫困潦倒，享年53岁。

唐伯虎虽未真正迎娶秋香，可"唐伯虎点秋香"的故事却流传甚广。这个故事究竟源自何处？秋香在历史上是否真实存在呢？原来，唐伯虎点秋香的故事原型最早见于明代王同轨的笔记小说《耳谈》，其中记载了苏州才子陈元超的类似故事。明末，冯梦龙将其改编为《警世通言》中的《唐解元一笑姻缘》，将主角改为唐伯虎。戏曲中唐伯虎点秋香的故事最早可追溯至明末孟称舜的杂剧《花前一笑》，后情节扩展为"三笑"，诞生了王百谷的《三笑缘》弹词和卓人月的《唐伯虎千金花舫缘》杂剧。乾隆、嘉庆时期，苏州评弹艺人常演唱《三笑姻缘》等弹词作品。清末，弹词唱本《九美图》出现唐伯虎娶九美说法。

　　女主角秋香确有其人，她是艺妓林奴儿，字金兰，号秋香，精通琴棋书画，有"吴中女才子"之称。但秋香生于明景泰元年（1450），比唐伯虎年长20岁，两人不太可能有情感纠葛，此故事多为后人附会。

　　文学作品中的华太师与历史也有差异，据《明史》记载，华太师本名华察，比唐伯虎年轻27岁，嘉靖五年（1526）考中进士时年仅29岁，生活简朴，家中无侍婢。他的儿子也非无能之辈，少年便展非凡才华，成年即考取功名。

　　那为何"陈公子点秋香"会演变成"唐伯虎点秋香"呢？或许是因为唐伯虎与陈元超同处明代，都是苏州才子，且当时确有秋香其人，于是冯梦龙创作了这一佳话。

徐霞客
游历天下的钱是哪儿来的

徐霞客是中国著名地理学家,他用30多年走遍16个省(相当于现在的21个省、市、自治区),写下约60万字旅行日记,后被友人整理成《徐霞客游记》。他既不做官也不经商,那旅费从何而来呢?

首先,徐霞客出身江南巨富家族,前期旅费主要靠家庭财富。但途中常遇意外,多次遭抢劫后只能向友人借钱,如在衡阳朋友家借钱,朋友家不富裕,靠民间集资,借给徐霞客20两。

其次,徐霞客在旅途中所访问并留宿的寺庙,大多为他提供了免费的食宿。再者,他在广西的时候被赠予了马牌,凭借此马牌,他可以在驿站享受挑行李和食宿等服务。

此外,徐霞客还凭借着自己的声望和人格魅力,通过好友的引荐结识了名人,从而获得资助和推荐信。

尽管危险且常囊中羞涩,但是徐霞客始终坚持着自己的旅行方向。正是因为他的不放弃,旅途中遇到的人、经历的事以及目睹的风景,共同成就了他非凡的一生以及那流传千古的《徐霞客游记》。

蒲松龄的"柏拉图式恋人"是谁

《聊斋志异》中,对爱情的描写绚烂多彩。然而,作者蒲松龄却是地位低下的穷苦秀才。"艺术源于生活而高于生活",蒲松龄之所以能创作出这么多爱情故事,是因为他曾经有一位"心思慕之"的佳人。

蒲松龄曾担任宝应知县孙蕙的幕僚,顾青霞是孙蕙的小妾。由于蒲松龄与孙蕙关系紧密,他与顾青霞的接触也变得频繁。蒲松龄经常听顾青霞吟诵诗歌,并为她编选了《唐诗绝句百首》。因此,一些学者认为顾青霞是蒲松龄的红颜知己。

顾青霞喜爱吟咏唐代诗人的绝句,蒲松龄便写下了《听青霞吟诗》。康熙十年(1671),蒲松龄于孙蕙的官邸亲耳聆听了顾青霞的吟诵,随后挥笔写下:"曼声发娇吟,入耳沁心脾。如披三月柳,斗酒听黄鹂。"大意是顾青霞吟诵唐诗时姿态娇柔,其声音之美,仿佛能渗透心扉。这种体验,宛如置身于春意盎然的三月,被嫩绿的柳枝轻拂,又似在微醺之际,沉醉于黄鹂鸟清脆悦耳的歌唱之中。蒲松龄创作这首诗后,仍感意犹未尽,

继而挥洒七言绝句《又长句》,进一步赞颂顾青霞不仅吟声清丽,更兼备深厚的文学素养。

因此,蒲松龄为顾青霞精心编选了《唐诗绝句百首》。相较于其他女性,顾青霞不仅外貌秀丽、声音悦耳,而且还擅长歌舞,酷爱吟诗作画。在宝应县衙客居期间,与顾青霞的交往可以说是为蒲松龄孤独的心灵带来了一丝慰藉,两人关系因此更加亲密。从上述诗文中可以看出,蒲松龄对顾青霞怀有一种难以言表的情感。这种情感并非男女之情,却超越了普通友谊,正因如此,蒲松龄才会努力地为她编选《唐诗绝句百首》。

后来,孙蕙与顾青霞相继病逝。顾青霞逝世后,蒲松龄创作了悼亡诗《伤顾青霞》,以此表达自己的哀思,这足以证明顾青霞在蒲松龄心中占据了极其重要的位置。顾青霞虽然永远离开了人世,但她的倩影始终萦绕在蒲松龄的思绪之中,甚至被写入了《聊斋志异》:《宦娘》中的鬼女宦娘热爱琴艺;《白秋练》中的鱼精白秋练钟情吟诗,这些故事中的女主角都带有顾青霞的影子。

蒲松龄对顾青霞的文学才华、善解人意的举止以及她那迷人的气质深感赞赏,同时对她的早逝感到惋惜。这种情感纯粹是精神上的交流,不涉及任何肉体的渴望。因此,将顾青霞称为蒲松龄的"红颜知己"或许更为贴切。

第七章

令人咋舌的颠覆史实

商纣王真的是昏君吗

商朝是我国历史上第二个朝代，由于该王朝后期定都于殷（今河南安阳），又称殷商。商朝共存在500余年，在末代商王帝辛时期被周王朝推翻。

帝辛就是大名鼎鼎的商纣王，也是我国历史上昏君、暴君的代名词。据说，他沉溺于酒色，为了取悦爱妃妲己，用横征暴敛而来的钱财修建鹿台，放置无数奇珍异宝。他让人挖了一个大池子，池中倒满美酒，又让人宰杀了数百头禽畜，烤炙成肉条悬挂在酒池周围的树枝上，让男女赤身裸体在其间追逐嬉闹，自己则饮酒寻欢，通宵达旦。纣王还创制了残酷的炮烙之刑，甚至让人剖开孕妇肚子，观察胎儿。大臣比干劝阻他不要这么残暴，否则将遭到天谴。纣王大怒，让人剖开比干的胸膛，挖出他的心。像比干这样被残害的大臣还有不少，一些大臣知道商朝已经无法长久了，纷纷逃跑了，很多都成了周武王讨伐纣王的得力助手。

纣王是一个残暴的亡国之君，这一点无可置疑，但要说他真的像后人认为的那样暴虐无比，我们也不能完全相信。实际上，纣王是一个颇有才能的君主。他天资聪颖、力大无比，可以空手与猛兽格斗，同时能言善辩。因此，他也恃才傲物，认为天下人才能都在自己之下，听不得别人的意见。纣王继位后，一直致力于开疆拓土，曾经攻克东夷，使得中原和东南一带的交通得到开发，中原地区的文化也传播到了那里。

但是，商朝与东夷之间旷日持久的战争，也让本就日趋衰落的商朝摇摇欲坠。正是看到这一点，居于西陲的周武王才得以趁商朝主力大军攻打东夷、都城防御薄弱的情况下发动奇袭，在牧野（今河南新乡北）一战定乾坤，消灭了商朝，建立了周朝。

春秋时期孔子的高足子贡就对纣王的暴虐产生了质疑，他说："纣之不善，不如是之甚也！是以君子恶居下流，后世言恶则必稽焉。"意思是纣王的恶行被夸大了。

那么，后人为什么要刻意丑化纣王？有学者认为，这可能是政敌的刻意抹黑。诸如奢侈无度、残暴不仁、镇压起义、排除异己等负面行为，其实并非纣王所独有，而是众多帝王的通病。然而，后世文人根据政治需要，把纣王的事一再编排，终于使得这些恶行都集中在纣王身上，显得异常耸人听闻，令人义愤填膺。

也有人认为这是为了将罪责归咎于女性。妲己原本是纣王征服有苏氏部落后的战利品，在男尊女卑的封建时代，纣王一直独断专行，怎么可能受女性控制呢？

总而言之，纣王虽不是什么明君，但也算不上昏君，未必像后世记载的那样残暴，而是一个文武兼备、有一定历史功绩的君主。

周幽王真的"烽火戏诸侯"了吗

"烽火戏诸侯"的故事在中国几乎家喻户晓：西周末年，周幽王为博得爱妃褒姒一笑，无故点燃骊山烽火，戏弄前来救援的诸侯。原本"高冷"不爱笑的褒姒，看到诸侯的狼狈样，大笑不止。为了迎合爱妃的恶趣味，周幽王又点了几次，但是来的诸侯一次比一次少。等到二人终于意识到这个游戏不再好玩时，诸侯们已经完全对点燃的烽火失去了信任。没想到，周幽王又玩起了新花样，他废掉了王后申后和太子宜臼，改立褒姒做王后、褒姒生的儿子伯服做太子。申后和宜臼回到了申国，申后的父亲申侯大怒，勾结一直骚扰西周的少数民族犬戎一起进攻周王室的都城镐京（今陕西西安）。周幽王大惊，点燃烽火召集诸侯，只有少数几个诸侯赶来救援。结果，镐京被犬戎攻破，周幽王和伯服被杀死，褒姒被掳走，西周灭亡。后来，诸侯们扶持宜臼继承了王位，将国都东迁至洛邑（今河南洛阳），东周时代开始了。

从上文简要的描述可以看出，周幽王宠幸褒姒，因儿戏一般的"烽火戏诸侯"而亡国，与著名的"狼来了"的故事类似。但是，著名史学家钱穆对烽火戏诸侯之说持批判态度，认为该故事不合常理，当系后世附会。而随着《竹书纪年》《清华简》等文物的出土，关于"烽火戏诸侯"真实性的质疑声就更多了，因为这些史书上完全没有相关记录。

第一，《史记·周本纪》中的描述过于戏剧化，存在大量神话色彩，如褒姒从龙唾液中诞生的说法显然出于杜撰。

第二，烽火戏诸侯的故事在逻辑上也存在多处矛盾。例如，烽火狼烟预警是在战国时期出现、在汉朝时为防御匈奴才完善的。西周时期并没有万里长城，很难想象骊山的烽火能够跨越千里，将各地的诸侯召唤过来。再说，当时并没有官道，诸侯从封地赶来最快也要数日，甚至需要几个月，想要看他们的笑话，需要的时间成本未免太大了。

第三，对于周幽王之死，《竹书纪年》和《清华简》给出了截然不同的记载：周幽王不满申侯的不臣之心，于是联合各诸侯派兵攻打申国，反而被申国联合犬戎击败。如果这才是史实，"烽火戏诸侯"的故事就直接失去了根基。

总之，"烽火戏诸侯"的故事虽然广为流传但真实性存疑。我们应该保持客观理性的态度去看待历史事件，避免盲目相信。

项羽真的烧过阿房宫吗

公元前221年,秦王嬴政建立秦帝国后,开启了长城、始皇陵与阿房宫三项巨大的建筑工程。秦长城的雄伟与始皇陵的庄严肃穆至今仍令人感叹,然而阿房宫却因一些原因,过早地消失在人们视野中。

据记载,秦始皇统一六国后,国力强盛,于秦始皇三十五年(前212),开始在渭河以南的上林苑营造朝宫,即阿房宫。由于工程浩大,秦始皇在位时只建成一座前殿。秦始皇死后,秦二世胡亥继续修建阿房宫,直到秦亡才被迫终止。

据《史记·秦始皇本纪》记载:"前殿阿房东西五百步,南北五十丈,上可以坐万人,下可以建五丈旗,周驰为阁道,自殿下直抵南山,表南山之巅以为阙,为复道,自阿房渡渭,属之咸阳。"阿房宫规模如此宏大,劳民伤财之巨可想而知。

一直以来,人们都认为起义军领袖项羽入关后,因秦王朝的残暴统治,一怒之下将阿房宫及所有附属建筑纵火焚烧,化为灰烬。唐代诗人杜牧在《阿房宫赋》中也感叹"楚人一炬,可怜焦土",古人对此没有怀疑。然而,在两千多年后的今天,

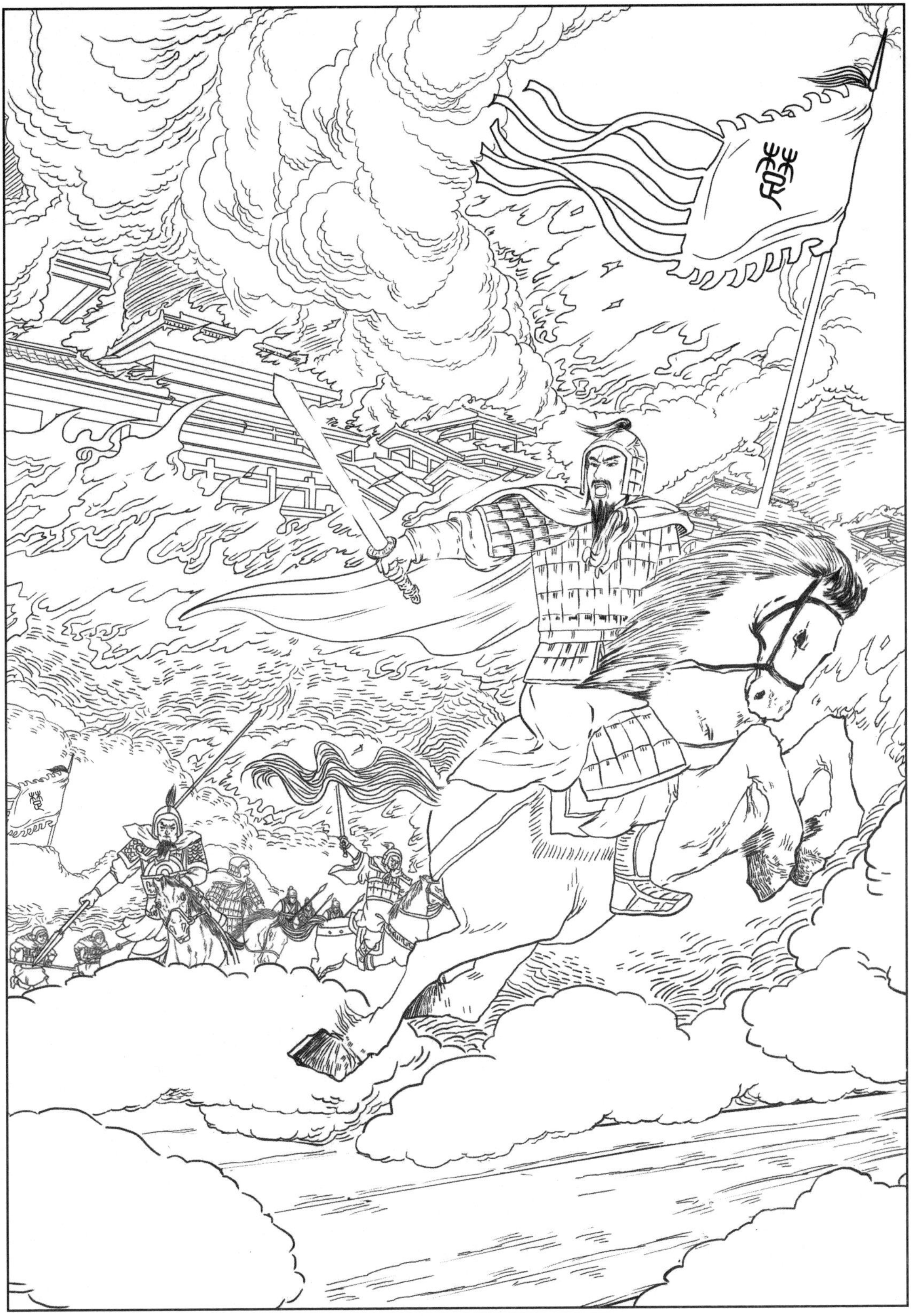
楚

考古学家却提出了不同的观点：阿房宫根本没有建成，也没有被火烧过。

阿房宫考古队经过一年多的勘探和试掘，发现阿房宫前殿的夯土台基上没有火烧过的痕迹，也没有见到秦代宫殿建筑中必有的瓦当、墙、殿址、壁柱、明柱、柱础石、廊道、窖穴、排水设施等。因此，研究人员认为阿房宫的前殿只完成了地基的建设，其他工程尚未动工，项羽火烧阿房宫的说法自然也不存在。

历史学家对史书进行考证，发现秦始皇下令修建阿房宫的时间是公元前212年，而在公元前210年，他突然病死在出巡途中。此前，阿房宫和秦始皇陵是同时进行的两大工程，为尽快安葬秦始皇，秦二世不得不决定停止阿房宫工程，抢建秦始皇陵。从秦始皇下令修建阿房宫算起，阿房宫前殿工程总共历时不到3年，如此巨大的宫殿在短短几年内很难完成。

秦汉时期的文献资料中并没有关于项羽火烧阿房宫、火三月不灭的记载，可能是后人对古文献的错误理解。《史记》中多处明确说火烧秦朝宫殿的地点是咸阳，所烧毁的是咸阳的宫殿，并非阿房宫。当然，也有学者提出，在当前这个地方没有发掘出阿房宫，并不能说明就没有阿房宫或者阿房宫没有建成，可能只是前殿没有建成而已，也可能是建在了别的地方。

无论阿房宫最终是否落成，它都已随时间流逝湮没在历史之中。但阿房宫留给我们的无尽想象和震撼，将持续下去。

赵高可能根本不是太监

说起历史上最著名的太监，很多人都会想到"指鹿为马"的赵高。秦始皇病逝后，赵高伙同丞相李斯篡改诏书，逼死了秦始皇的长子扶苏，拥立少子胡亥为帝。后来赵高设计杀掉李斯，自己当了丞相，一手遮天。为了当皇帝，赵高又除掉了秦二世，最终被秦王子婴所杀。

赵高被钉在历史的耻辱柱上是罪有应得，但要说他是历史上太监专权第一人，有些历史学家却有不同看法。原来，在东汉之前的史籍中，并没有说过赵高是太监。《史记·蒙恬列传》中说"赵高兄弟皆生隐宫"，《史记·李斯列传》中说赵高是"宦人"，有"宦籍"。后人据此推断"隐宫"中的"宫"字为宫刑，"宦人"则是后世所说的"宦官"，因此赵高就被视为太监了。

不过，《张家山汉墓竹简》出土后，人们才知道"隐宫"是刑满人员工作的地方，和宫刑并没有直接关系。而"宦人"则指在宫廷里任职的人，而当时的太监被称为"阉人""宦阉"。

此外，赵高也有女儿，他的女婿阎乐帮他杀死了秦二世。虽然有史学家认为阎乐娶的是赵高的养女，但也有可能是赵高的亲生女儿。

周瑜并非善妒小人

"既生瑜,何生亮",这是小说《三国演义》中周瑜的一句叹息。小说中周瑜忌妒诸葛亮的才能,多次设计加害,但诸葛亮总能识破其计谋并反制,最后竟然被活活气死了,这就是著名的"诸葛亮三气周瑜"的故事。因此,周瑜也给后人留下了善妒的印象。

实际上,《三国演义》中的描写与正史之中周瑜的形象大相径庭。《三国志》说周瑜"性度恢廓,大率为得人",可见他是一个心胸宽广的人,颇受东吴文武之臣的爱戴。周瑜还以身材高大、相貌英俊著称,有"美周郎"之称。他还精通音律,人称"曲有误,周郎顾"。

但是,周瑜在民间的形象却越来越差。这是因为蜀汉政权一向被视为汉室正统,而偏安江左的东吴政权则饱受诟病,作为东吴政权核心军事统帅的周瑜自然无法幸免。后世无论是史书还是诗词作品,周瑜的形象越来越负面。举世瞩目的《三国演义》诞生后,周瑜善妒的形象终于固定下来了。

程咬金只会三板斧吗

在各种演义小说中，唐初名将程咬金是一个深受民间喜爱的人物。他运气绝佳，无论遇到什么险境都能化险为夷；他毫无政治抱负，却阴差阳错当上了瓦岗寨大魔国国王；他武艺稀松，但是碰到顶级高手也能过上几招，这得益于他的"三板斧"——劈脑袋、鬼剔牙、掏耳朵（一说为掏耳朵、挖眼睛、剔牙齿）……总之，在人们心目中，程咬金就是一个性格豪爽、行事莽撞、武艺平平但运气绝佳的喜剧角色。

其实，历史上真实的程咬金不是靠"三板斧"混饭吃的"丑角"，而是名列"凌烟阁二十四功臣"的一代勇将。

史书记载，程咬金后来改名程知节，他骁勇过人，善用马槊（一种马上用的长矛），而不是演义里的大斧子。他早年追随李密，是统领内军的四位骠骑将领之一。这八千名内军都是李密从军中精挑细选出来的，他还曾得意扬扬地说："此八千人可当百万。"能统领这样的精锐部队，程咬金的军事能力是不容小觑的。

李密与王世充交战时，程咬金与将领裴行俨一起救援遇袭的大将单雄信，裴行俨被流箭射中落马，程咬金单枪匹马冲入

阵中连杀数人，吓退敌军，抱起裴行俨同骑一马撤退。追兵驰马赶上，用槊刺穿了程咬金的身体，程咬金回身折断了槊，斩杀追兵，终于逃出生天。这一场惊心动魄的战斗，将程咬金的勇猛强悍体现得淋漓尽致。

程咬金投奔李世民后，东征西讨、南征北战，立下了赫赫战功。无论是攻打宋金刚、窦建德，还是击败王世充，程咬金常常举旗先登，可见他是一员真正的猛将。

更出人意料的是，程咬金不仅有勇，而且有谋。起初李密败给王世充后，程咬金和秦琼一起投降王世充，颇受优待。但是，程咬金看出王世充浅薄狭隘，不是个值得托付的明主，于是力劝秦琼与自己一道转投李世民。

后来，太子李建成有心除掉功高盖世的李世民，但忌惮程咬金，于是向唐高祖李渊进谗言，请求派程咬金出京师担任康州刺史。程咬金一眼便识破了李建成的阴谋，劝李世民注意自身安全。两年后，玄武门之变爆发，程咬金参与了这场重要的政变。此后，他一路升迁，成为最受重视的将领之一，官至辅国大将军、左卫大将军，封卢国公。公元643年，唐太宗命人在宫中的凌烟阁内画了24位功臣的图像，程咬金名列第19位。

由此可见，程咬金有勇有谋，且头脑冷静、目光敏锐，能够看清大局，审时度势地做出明智决策，哪里是个只会"三板斧"的莽夫呢？

武则天到底有没有掐死自己亲生女儿

武则天是中国历史上唯一的女皇帝,她的一生就像一部波澜壮阔的史诗,充满了传奇与谜团。其中,她是否掐死了自己的亲生女儿这一悬案,至今仍然令人瞩目。

武则天出身官宦家庭,十几岁时入宫当了唐太宗的才人(低级嫔妃称号),因容貌妩媚,被赐号"武媚"。唐太宗驾崩后,武则天被迫进入感业寺为尼。不久,她凭借出众的才智和美貌"偶遇"唐高宗李治,得以重返宫廷,被封为昭仪(嫔妃称号)。

武则天能够重返宫廷,离不开王皇后的帮助。原来,王皇后虽然出身名门,美丽贤淑,但地位并不稳固。当时,高宗宠信萧淑妃,萧淑妃自然也想当皇后,与王皇后之间的争宠斗争如火如荼。为了保住自己的地位,王皇后才引荐武则天入宫,想让她与自己一道对抗萧淑妃。没想到,武则天回宫后迅速超越萧淑妃,成为高宗最宠幸的嫔妃。王皇后不得已,又与萧淑妃"联盟",一起诋毁武则天,但高宗并不相信她们。

富有远见的武则天很清楚,尽管眼下自己受宠,但随时可

能有新的女人取代自己。想要稳固的地位，只有当上皇后才行。于是，她一边和王皇后、萧淑妃明争暗斗，一边竭尽所能地拉拢宫中的太监、宫女等，王皇后、萧淑妃的一言一行她都知道得一清二楚。武则天一直在等待一个机会，好扳倒王皇后，自己上位。

公元654年，武则天生下了一个可爱的女儿，让高宗非常高兴，但是小公主在出生后不久便夭折了，被追封为安定公主。关于安定公主的死因，历史上存在着两种截然不同的说法。

一种说法认为，安定公主是由于自然原因夭折的。在那个时代，医疗条件有限，婴幼儿的死亡率相对较高，安定公主可能本身存在一些健康问题或疾病，因此这一说法也有一定的合理性。

另一种说法则引发诸多争议，据《新唐书》和《资治通鉴》等史书记载，安定公主出生后不久，王皇后前来探望。王皇后没有孩子，也很喜欢安定公主，抱起来逗弄了一会儿。在王皇后离开后，武则天溜进来掐死了安定公主，并将尸体藏在被子下。当高宗前来探望时，武则天假装欢笑，掀开被子后却假装惊哭起来，质问侍女们谁来过。侍女们纷纷说王皇后来过，还抱过安定公主。武则天趁机号啕不已，李治则大怒说："是皇后杀了我的女儿！"王皇后知道后百口莫辩。

高宗认定王皇后是凶手后，终于产生了废后的念头。但是，武则天当过唐太宗的嫔妃，朝臣们不想让她当皇后。高宗和武则天一起说服反对的大臣，经过一番努力，终于废掉了王皇后，武则天也如愿当上了皇后。可以说,杀死安定公主是她称帝之路非常关键的一步棋。

不得不说,武则天为了陷害王皇后而掐死安定公主,可能是确实存在的事件。她作为一个政治家,深知权力的重要性,更知道后宫斗争的残酷。她并无深厚的背景,又曾有侍奉先皇的"污点",要想在宫廷中立足并掌握权力,必须付出更多的努力和代价。在这种背景下,武则天可能认为只有采取一些极端手段才能保护自己免受伤害。后来,她又逼死了自己的儿子李贤,可见儿女亲情在她眼中并没有那么重要。

但是,记载武则天杀女的《新唐书》和《资治通鉴》都成书于北宋,但成书于五代的《旧唐书》和《唐会要》只记载了安定公主的暴卒,并没有杀女一事。武则天以太后身份临朝称制时,徐敬业举起反旗,著名文学家骆宾王写了一篇痛骂武则天的檄文,文中诬陷她"弑君鸩母",却并没有提到杀女一事。可见,这个传言在当时还没有出现。因此,武则天杀女的说法可能是五代末至北宋时期才出现的,又被史官们一一添加细节,力图凸显武则天的残忍与泯灭人性。

总之,关于武则天是否掐死亲生女儿这一事件充满争议,到今天已经很难确定其真实性与具体细节。

潘仁美真的是奸臣吗

说起潘美，或许不少人感到陌生，但提及《杨家将》里的潘仁美，大家往往耳熟能详。在《杨家将》中，潘仁美被塑造成一个大奸大恶之人，其陷害忠良、卖国求荣之举，令人愤慨。然而，在真实的历史中，潘仁美的原型是北宋开国功臣潘美。

潘美，字仲询，大名（今属河北）人。起初效力于周世宗柴荣，与大将赵匡胤关系亲密。北宋建立后，他得到重用，率军消灭南汉，又辅助曹彬平定南唐，立下了赫赫战功。

公元986年，北宋大举伐辽，潘美与监军王侁、名将杨业（又名杨继业）率军出雁门关作战。宋军因战事不利撤退时，王侁贪功，强令杨业与辽军追兵交战。杨业知道强攻必败，于是请求潘美接应。但是，当杨业败退回来时，王侁却误以为宋军战胜，把接应部队撤走了。杨业不得已回头死战，被俘后绝食而亡。

在王侁任意妄为时，潘美作为主将几乎毫无作为，害死杨业，王侁有着不可推卸的责任。但是，让潘美承担逼死杨业的主要责任，无疑也是不公平的，他的责任只是误信了王侁之言而已。可惜，因为这个失误，让潘美的丰功伟绩几乎被磨灭，成为遭世人唾骂的奸臣，令人惋惜。

狸猫换太子是真实事件吗

狸猫换太子是一个在中国广为流传的民间故事，但实际上它并不是一个真实发生的历史事件，而是一个民众口口相传、不断演绎的民间传说，后来被改编成了京剧、豫剧、黄梅戏等多种戏曲。

故事是这样的：宋真宗时期，刘妃和李妃一起怀孕，谁先生下皇子就会被立为皇后。刘妃与太监郭槐合谋，以剥皮狸猫调换李妃所生的男婴，谎称李妃生了妖怪。李妃被打入冷宫，男婴则被一名善良的太监送到八贤王府上收养。刘妃生下皇子后当了皇后，但皇子早夭，真宗就让八贤王之子（实为李妃之子）当了太子。真宗死后，太子即位，就是宋仁宗赵祯。后来，流落民间的李妃找到包拯诉冤，包拯迎李妃还朝，母子相认，刘妃羞愧之下自尽身亡。

在历史上，宋仁宗赵祯的生母确实是李宸妃，章献皇后刘娥无子，就收养了赵祯。赵祯也一直以为自己的生母就是刘皇后。直到刘皇后去世，才有人告诉宋仁宗真相。

由此可见，狸猫换太子的故事显然不是真实的。

陈世美真的是负心汉吗

在戏曲和民间传说中,陈世美是个不折不扣的负心汉。在家喻户晓的戏剧《铡美案》中,故事是这样的:陈世美出身贫寒,与妻子秦香莲育有一子一女。陈世美赴京赶考高中状元后,被公主看中,为了成为驸马,他隐瞒自己已婚的事实。秦香莲携子进京寻夫,陈世美却拒不相认,还派家将韩琪追杀他们。韩琪了解真相后不忍下手,自杀而死。秦香莲在包拯的帮助下,最终让陈世美伏法,被铡于龙头铡之下。

然而,北宋并没有一个叫陈世美的驸马,有人经过考证,认为陈世美的原型可能是清朝顺治年间的官员陈年谷。

据称,陈年谷字丰之,号熟美,官至户部侍郎,主管盐政。他为官清廉、政绩显著。陈年谷的同窗好友仇梦麟、胡梦蝶在科举考试中落榜后,向陈年谷求官遭拒,便怀恨在心。他们花钱请戏班将民间流传的蔡伯喈抛弃妻子的名戏《琵琶记》进行改编,将男主人公的名字改成与陈熟美谐音的陈世美,将女主人公的名字改成与陈年谷妻子秦馨莲谐音的秦香莲。后来经过不断演绎和传播,陈世美这一负心汉的形象便深入人心了。所以,从历史原型的角度来看,陈世美并非负心汉,而是被人恶意抹黑了。

第八章
DIBAZHANG

皇宫内幕的惊天爆料

为什么说帝王是"短命职业"

在中国两千多年的封建历史中,帝王们各展雄才,是中国历史和文化的重要组成部分。同时,帝王也享受着衣食住行以及保健、医疗上的顶级配置。

然而,有学者统计,中国古代有确切生卒年月日可考的200余位皇帝,平均寿命约为39岁。其中,没活到40岁的皇帝有120位,没活到30岁的皇帝有60多位,没活到20岁的皇帝有25位。从现代人的眼光来看,帝王还真算得上"短命职业"。

实际上,这种统计方法是不太科学的。在一些乱世,如南北朝,皇帝非正常死亡的数量很大,或被权臣杀死,或被毒死等;东汉第三位皇帝汉章帝刘炟之后、末代皇帝汉献帝刘协之前的11位皇帝中,活得最久的汉桓帝刘志也仅36岁,第五位皇帝汉殇帝刘隆刚过百天就即位,1岁时就夭折了。此外,农民起义、外族入侵、宦官专权等因素,也让不少皇帝性命不保。这些复杂状况表明,简单统计平均寿命,很难全面反映皇帝群体的寿命特点,同时也凸显出皇帝的职业危险度还是很高的。

还有不少的皇帝,为了追求长生,不断吃方士们炼制的含重金属的"仙药",其中大多含有汞等有毒物质。很多皇帝因此中毒而死，就连大名鼎鼎的唐太宗李世民之死，都与"长生药"有着直接关系。

除了那些消极怠工的昏君，多数皇帝的工作超负荷，朝中大事让他们忙碌不堪，致使不少皇帝积劳成疾。古代医疗技术整体上是非常落后的，许多疾病无法得到有效治疗。就算是医术最精湛的御医，遇到皇帝的一些严重疾病时也不知如何治疗，有时候小小的中暑都能夺去皇帝的性命，例如清朝的嘉庆帝就是中暑后死去的。

皇帝的饮食虽然丰富，但往往过于油腻。长期食用这样的食物，容易引发肥胖、高血压等疾病。而且皇帝出行大多乘坐轿子、马车等交通工具，缺乏运动，身体机能逐渐下降，这也是造成不少皇帝早逝的原因之一。明仁宗朱高炽就极为肥胖，登基后仅仅9个月就去世了。

后宫佳丽三千对皇帝影响也很大，沉迷女色死在温柔乡的皇帝不少。臭名昭著的汉成帝刘骜，每日与宠妃赵飞燕、赵合德等饮酒作乐、荒淫无度，最终在壮年猝然而死；沉溺酒色的明光宗朱常洛，就是在服用了红丸后突然去世的，当时他还不满40岁，即位刚刚一个月。

古代皇帝常常实行近亲结婚，和表姐妹结婚的现象十分普遍，可能导致后代遗传疾病和体质羸弱问题的出现。

虽然皇帝号称天子，其实也是有血有肉的人。帝王掌握着至高无上的权力，这种权力不仅引来了无数人的觊觎，也使得帝王自身面临着巨大的压力。为了维护自己的统治地位，帝王

不得不时刻保持警惕，应对来自内外部的各种威胁。这种长期的精神紧张和过度劳累，严重损害了帝王的身心健康。

很多皇帝怕臣子权力过大威胁自己的地位，常年与文臣武将们进行精神博弈。如果皇亲国戚权力过大，皇帝还要与他们斗争，甚至还要提防自己的儿子们造反，让亲情变得无比畸形。为保住自己的权力，不少皇帝杀子杀妻，或手足兄弟相残。

后宫中的争斗也会给皇帝带来精神上的困扰。妃嫔们为了争宠，常常会勾心斗角，这也会让皇帝陷入复杂的情感纠纷之中，增加心理压力。东晋孝武帝司马曜就因为酒后戏言要废掉张贵人，结果当晚，张贵人就指使宫女把睡梦中的他活活捂死了。

为了不让百姓反抗，历代皇帝都绞尽脑汁。不仅对人民的思想进行控制，还会因为民间一点儿异动就如惊弓之鸟。不仅要防国内，还要防国外。不少皇帝因惧怕外敌入侵，从而精疲力竭。

综上所述，帝王之所以被视为"短命职业"，主要是权力斗争的残酷性、不良习惯、医疗条件的限制以及心理压力巨大等多方面因素共同作用的结果。

古代皇帝是怎么吃饭的

皇帝贵为天子，尊荣至极，他们身着华丽的龙袍，居住在高大的宫殿内，乘坐奢华的辇车，享用着普天下搜罗来的山珍海味。

提及吃饭，各个朝代皇帝的用餐方式虽有差异，但有一条宗旨基本不变，那便是皇帝偏爱"吃独食"，基本上不与别人一起进餐。以清朝为例，只有在皇帝万寿节（即皇帝生日）时，才允许嫔妃、皇子等与自己同桌吃饭。

皇帝用餐堪称隆重，特别讲究排场。御膳房的主管必须提前列好几天的菜单，包括原材料、制作人等，都要记录清楚。内务府大臣审核过清单后，才会交给厨师、厨役等去操作。等到皇帝用膳时，太监先要确定地点，然后通知御膳房。御膳房的厨役将做好的饭菜放在特定的膳盒或者膳桌上，送到皇帝所在的地点，再由侍卫抬到餐桌上，这就是"传膳"。

清朝皇帝每顿饭都有几十道菜，摆满好几张餐桌，皇帝吃不了多少就撤下去了。除了显示排场外，大多数菜并没有什么意义。因此御膳房总是将一些菜热了又热，故意放在距离皇帝远并且够不着的地方。

清朝宫廷一般一天吃两顿饭，早膳在早上6点半至7点半之间，晚膳在下午1点至3点之间，两膳之间有点心，晚膳之后还有一次酒膳。

皇帝吃的东西是不是普通百姓见都没见过的呢？也不尽然。例如，清朝乾隆皇帝的一份酒膳菜单中，包括鹿肉、野鸭肉、野鸡肉，这些是当时普通百姓很难吃到的。但也包括老虎菜（各种蔬菜混合在一起的凉拌菜）、榆蘑、菜面包子、烫面饺子、炸盒子等，后者都是寻常菜肴，普通百姓也能吃到。

清朝宫廷中的佐餐小菜，也是老百姓能够吃得到的，例如腌菜、酸黄瓜、蜜山楂等。清朝宫廷中的粥包括小米粥、绿豆粥、大麦粥、粳米粥、红豆粥、百果粥、紫米粥等，最著名的要数用小米、冬瓜皮、白扁豆、山药、薏仁米、莲子、人参等煮成的八珍粥，这个就是普通百姓望尘莫及的了。

虽然皇帝吃的东西不见得全是普通人没见过的，但制作方法讲究，餐具更是精心挑选的，主要以金银器为主。即便是陶瓷器，也选用质地上乘、造价高昂品。银器在皇帝餐具中占据很大比例，主要是防止他人在饭菜中下毒。这是因为古代的毒物主要是砒霜，其中含有大量硫化物。银器遇到硫化物就会变黑，起到验毒的作用。

身为一国之君，皇帝的任何举动都不容有失，也需要在很多事上显示出皇家的威严。因此，皇帝吃饭绝非仅仅为了填饱肚子，而是被当作头等大事对待，任何环节都要求万无一失，当然因此浪费的钱财也不计其数。

皇帝的寝宫有多少秘密

皇帝的寝宫历来比较神秘，留下了很多令人津津乐道的秘闻逸事。

秦始皇是中国历史上的第一位皇帝，他的咸阳宫自然也可被视为中国历史上较早的皇宫。秦始皇屡遭刺杀，他的就寝位置是严格保密的。相传，秦始皇在山上看到丞相李斯的车马、随从众多，表示出了不满之意。有人告诉了李斯，李斯就减少了车马数量。秦始皇知道有人泄露了自己的话，于是审问当时跟随在自己身边的人，但没有人承认，于是就下令把他们全杀掉了。此后，再也没有人知道他的行踪了，后人也无法得知他的寝宫到底是哪一座。

在西汉时，皇宫建筑群被称为未央宫，其中的清凉殿是皇帝夏天乘凉的寝宫，殿中以石为床，身边有放着冰块的水晶盘，炎炎夏日里殿中竟然会结霜，堪称古代空调房。到了冬天，皇帝又会移居温室殿，墙下有火道，墙壁有空心夹墙，墙壁的涂料里有具备除湿、保温效果的花椒。殿外燃上炭火后，热气会通过火道、夹墙流布到全殿，冬季在殿内还能陈列花木。

唐代的宫殿建筑群大明宫中，紫宸殿是皇帝的私人住所，

除了日常起居外，还会在这里批阅奏章、接待心腹大臣。紫宸殿分为前堂、后堂，周围还有浴堂殿、温室殿等功能性建筑。

要说到现代人最熟悉的皇宫，非紫禁城莫属。这里是明清两朝的皇宫，包括8000多个房间，主要分为外朝和内廷两部分。其中，内廷主要分成"三宫六院"，三宫指乾清宫、坤宁宫、交泰殿，六院则指东六宫和西六宫。其中，东六宫为延禧宫、景仁宫、承乾宫、钟粹宫、景阳宫和永和宫；西六宫为储秀宫、翊坤宫、永寿宫、长春宫、咸福宫和太极殿。此外还包括慈宁宫、奉先殿、宁寿全宫和御花园等。

明朝诸帝以及康熙前的清朝皇帝，都住在乾清宫，皇后住在坤宁宫，其他嫔妃分住东西六宫。乾清宫西暖阁内有9间寝室，就是皇帝的住所。到了雍正帝在位期间，移居到面积小得多的养心殿，后来的皇帝也不好违逆先人，都是居住在养心殿了。

清代的皇后也不是一直居住在坤宁宫，她们通常只在大婚后在坤宁宫居住三天，此后就会在东西六宫中选一个喜欢的寝宫居住。此外，嫔妃们也可能临时居住在养心殿后殿东西两侧的围房里，那里有小门与养心殿相接。这些围房把养心殿紧紧围在中央，让养心殿变得更加安全、隐秘。

古代皇帝如何攒"私房钱"

《诗经》中说:"普天之下,莫非王土,率土之滨,莫非王臣。"在很多人心目中,皇帝的权力至高无上,想做什么就做什么,想花钱,全国的钱都能随便花,哪里用得着攒私房钱呢?实际上,国库的钱是用来应付天灾、兵乱等的,是一个王朝的根本。随意动用国库的钱,无异于给自己挖掘坟墓。但是,皇帝的奢华生活是需要大量的钱财来维持的,于是皇帝们为了存"私房钱",都会设立一个小金库。

汉朝初期,除了田赋、酒税等,还有每个14岁以上的公民都要缴纳的120文(不同时期变动较大)人头税,都纳入国库,由大司农管理;私营税、商营业税、关卡税,还有7至14岁的儿童缴纳的20文(后来改为23文)口赋等,主要进入了皇帝的小金库,由少府管理。别看口赋看起来不多,但地方政府一层层加码、克扣,有时一年征收好几次,为了多聚敛钱财,汉朝皇帝还曾将缴纳口赋的年龄降低到3岁……一些贫寒家庭不堪重负,甚至婴儿一出生就会掐死。可以说,汉朝皇帝的小金库沾满了婴儿的鲜血。

到了唐朝,皇帝的小金库越来越多,例如琼林库、大盈库、

丰德库、备边库等，后来统称为内库。盛唐时期，皇帝的小金库有着大量的财富，包括各地进献的贡品以及正常租税之外的收入等。唐宪宗、唐穆宗等皇帝，曾拿出内库的钱财助军、赏军，但多数情况下内库的钱都被皇帝、后妃以及掌管内库的官员、宦官等挥霍掉了。

为了敛财，皇帝还设立宫市：太监等在街坊之上看到皇宫需要的东西，就上前口称"宫市"，用极低的代价"买"来，还让货主送到皇宫门口，充实了皇帝的内库，却给百姓带来深重的苦难。大诗人白居易的《卖炭翁》，就描写了太监用半匹红纱一丈绫就换了卖炭老翁一车炭的罪恶行径。

到了宋朝，宋太祖赵匡胤设立了"封桩库"（后改名内藏库），每年把国家财政节余中的一部分收藏进来，初衷是应付突发事件，此时还算不上皇帝的小金库。但是慢慢地，皇帝开始把它据为己有。国家遇到紧急情况时，官员们想让皇帝从内藏库拿钱，就算每次都按时归还，皇帝还是会极不情愿、百般推托。后来，皇帝开始公然将国库的钱划入内藏库中，并严禁任何人泄露内藏库的账目。这样一来，国家的财政资源渐渐垄断在皇帝一人之手，朝廷的收支情况恶化，成为北宋和南宋灭亡的重要原因。

这种情况到了明朝进一步恶化了。宋朝的内藏库还起到过军事支援和灾荒救助的作用，明朝皇帝则明确地表示不会从内库里拿出钱来解决财政困难，还时常想方设法从国库中捞钱。相传明朝灭亡前，国库已经枯竭，崇祯帝却不肯拿出内库的钱财犒军。他死后，农民起义军在内库中找到了3700多万两白银。后世学者多数不相信这个数字，但是崇祯帝死前内库比国库钱多是毋庸置疑的。

清朝皇帝吸取前朝的教训，设立内务府来管理皇宫的收支，皇帝想要花钱必须经内务府审批。掌管财政的户部每年拨10万两银子维持内务府运转，其余钱财全都归国库所有。这样一来，皇帝无法公然挪用国库的钱财，但他们将自己信任的官员安排到各级官府，将赋税和盐税等重要财源掌握在手里，表面上交到国库，实际上大部分进入了内务府。内务府还开设当铺，获得大量财富。大贪官和珅，正是因为善于帮乾隆聚敛私房钱才得到长期信任。

总的来说，皇帝的私房钱来源于对百姓的剥削，仅有极少数用于救灾、犒军等事上，绝大多数都被皇帝为首的统治集团挥霍了。皇帝过度聚敛钱财，还会导致财政混乱、社会不公及政治腐败，其消极意义远远大于积极意义。

古代皇子是怎么接受教育的

在人们的印象中,古代的皇子都过着锦衣玉食的生活,无须像普通人一样刻苦读书。其实,皇子也要上学,而且比现在的学生学得更加刻苦。

我们以清代皇子为例。康熙帝时期,皇子们就读的上书房位于畅春园的无逸斋。"无逸"二字,意在告诫皇子们不要贪玩,不要贪图享乐。

据《康熙起居注》记载,皇子们的学习日程安排得极为紧凑。凌晨三点到五点之间,皇子们便来到无逸斋复习前一天的功课,耗费两个小时左右,然后老师还要其背书两个小时左右。

上午,康熙帝下朝后会来考查皇子们背诵情况,必须一字不差。随后是皇子们的练字时间,每个字要写100遍。

午饭过后,皇子们还是不能休息,而是要继续学习。下午除了要学习文化,还要到无逸斋外的院子里练习骑射、武艺。大约到晚上七点,一天的学习才宣告结束。

从凌晨三点到晚上七点,天天如此,不论寒暑从未间断。就算在炎热的天气里,皇子们学习时也必须正襟危坐,严禁摇扇。由此可见,皇子的生活并非如人们想象中那般轻松惬意。

太医给皇帝看病的规矩有哪些

在古代的宫廷剧中，我们经常会听到"传太医"的呼喊，还有"如果治不好，就让你陪葬"之类的威胁。其实，现实远比电视剧中更为复杂。

以明代的太医院为例。明太祖朱元璋在都城南京设立了医学提举司，几年后改名太医院。明成祖迁都北京后，也设立了太医院。

太医院可不是简单的医院，而是一个有着严格等级制度的官僚机构。太医院是五品衙门，设有院使1名、院判2名、吏目10名、御医10名，这23人都是医术精湛的医生。《本草纲目》的作者李时珍，就曾担任正六品的太医院院判一职（也有人说他担任的是正八品的御医）。

除了以上23名医官外，还有若干名后备医士、医生，医士可以独立看病，医生就只能充当助手和太医院的杂役。他们的升降完全由考试来确定，每三年进行一次考核。

当皇帝身体不适时，太监会前往太医院传唤御医。紫禁城真的很大，而太医院却不在皇宫之内。皇宫东面墙根下有太医院的派出机构——御药房，总部则位于今天东交民巷一带。为

皇帝诊病的御医需要四名以上，并且要穿吉服（即平常不穿的礼服）前来。因此，皇帝就算很难受，至少也要等上一两个小时甚至更久才能等来太医院里的御医。无论冬夏，御医到了殿前，都需要跨过一个燃烧着各种香木的火盆。与吉服一样，跨火盆也是为了图个吉利，寓意着烧掉病魔和晦气。

御医见到皇帝后，需要先叩头，然后跪行至皇帝的左手边把脉，再换到右手边进行诊断。御医们医术高超，会不会《西游记》里的悬丝诊脉这样的"高超技术"呢？遗憾的是，悬丝诊脉是完全没用的。

诊断完毕后，御医们会商量着开出药方，并由御药房配药和调药。每个药方都需要制成两份，一份由开方御医品尝，再经院使或院判、太监等品尝，确认没事后，皇帝才会服用另一份。如果皇帝服用后治疗效果很好，所有参与诊治、制药、尝药的人员都会受到赏赐；如果效果不佳，那这些人都会有麻烦，甚至会招致杀身之祸。

风险如此之大，御医们的待遇却很微薄，明朝后期有家小的医士一个月的俸禄大约是70斤米，没有家小的医士以及医生，俸禄就更少了，难怪大量有能力的医生宁愿在民间行医也不愿进入皇宫当御医。

皇宫的门禁有多严

皇宫是封建社会最高统治者居住的地方，这里的安全事关天下安危，因此往往门禁森严、重兵把守，禁止随意出入。例如清朝就有明文规定："擅入紫禁城杖一百，加枷号一个月。"就是说不经允许进入紫禁城，要被杖责一百下，还要戴着枷示众一个月。可见，皇宫的门禁管理确实是非常严格的。

还是以清朝为例，想要出入紫禁城，必须要有腰牌作为凭信。不过，清朝出过不少腰牌遗失、私下借用腰牌等事件。之所以发生这些混乱的事，是因为紫禁城非常大、居住的人也很多，日常的修缮整理、日常生活、衣食所需等，都需要皇宫外的人进行支持。人一多，难免需要"便宜行事"，也就会发生一些离奇的事。例如，有的事情宫中的人做不完，就想方设法夹带着外人进入皇宫；有的太监在宫外借了高利贷，债主竟然到禁宫中去讨债。此外，宫中人将宫里的东西拿出去卖的事也时常发生。

可见，封建时代看似"固若金汤"的皇宫，在运作中还是会因人性欲望与制度僵化的角力出现种种漏洞。

皇宫中的冷宫有多可怕

不少影视剧或文学作品中，得罪皇帝、皇后或太后的嫔妃会被打入冷宫，生活凄惨无比。其实，古代皇宫里并没有专门的"冷宫"，例如汉武帝的皇后陈阿娇被废后居住在长门宫，长门宫就成为冷宫的代名词；王皇后、萧淑妃在与武则天的斗争中失败，被囚禁在别院，那里也可以被称为冷宫；有人把清末珍妃被囚禁过的北三所称为冷宫，甚至有人将软禁过光绪的瀛台也称为冷宫。

可见，只要嫔妃失宠，她们居住的地方均可以称为冷宫。此时她们的权力地位尽失，宫女太监不再将她们放在眼里，甚至横加凌辱。她们食物匮乏，无人照看，生病了也没人在意。失宠后的嫔妃死后没有谥号，连独立的墓葬都没有。可见，一旦被"打入冷宫"，不仅生前凄惨，死后也没有尊严。

明熹宗朱由校的妃子张裕妃，由于得罪了一手遮天的宦官魏忠贤，就被幽于别宫。说是别宫，其实只是宫墙的夹道。怀有身孕的张裕妃在那里日晒雨淋，还被断绝了饮食。14天后，她死在了那里，年仅18岁。像她这样被迫害致死的宫中女子，在封建社会不知还有多少。

太监如何才能"出人头地"

太监，又称宦官、阉人、寺人、中官、内侍等。太监是一个庞大的群体，有着严密的组织结构。位于顶端的太监，权力甚至凌驾于宰相之上。

多数太监出身贫寒，为了谋生才不得已入宫。在皇宫中，绝大多数太监是低等奴才，常受打骂，欺辱他们的不仅有皇帝、嫔妃、皇子，还包括地位高的太监首领。他们侍候主子时须万分小心谨慎，一不小心就容易挨打、丧命，在宫中如履薄冰。

地位低的太监忍辱负重，就是为了一步步往上爬。想出人头地，最有效的方法是得到皇帝、皇子、嫔妃或太后的信任，这是一般的小太监做不到的。如果掌握某些技艺，也很容易混口饭吃。例如东汉时期的宦官蔡伦，改进了造纸术，改变了人类文明进程；东汉宦官毕岚，发明了新的水利灌溉工具翻车，造福了百姓等。

小太监们往上爬还有一个手段，即拜地位高的太监为义父。虽然风险不小，但也有很多宦官因此平步青云，掌握了权力和大量财富。

宫女的生活有多么悲惨

宫女又称宫娥,是被征选在皇宫中服役的女子,也是封建社会中命运最悲惨的女性群体之一。

一般来说,宫女入宫后就彻底失去了自由,终身不能出宫。有少数皇帝会允许部分宫女出宫,以显示其"德政"。

也有少数宫女由于容貌出众得到皇帝的临幸,从而改变命运。但这样的幸运儿无疑是凤毛麟角,绝大多数宫女毕生都要在繁重的劳役和永无休止的屈辱中生活。

宫女住所简陋、衣食菲薄,在森严的等级制度和烦琐严苛的礼节下战战兢兢地生活。不仅要从事繁重的苦力劳动,还时刻面临生命威胁,须小心谨慎以防触怒皇帝或嫔妃,时常还会遭到心理扭曲的宦官欺辱,生活十分凄惨。

宫女生病无法得到医治,只能靠自然恢复,去世后也没有埋葬的地方。古人创作了无数宫怨诗哀叹宫女的悲惨生活,但宫女的现实生活比宫怨诗悲惨何止千万倍!

第九章

DIJIUZHANG

拍案称奇的历史趣闻

古人为何总是"秋后问斩"

在影视剧或小说里,官员在宣布犯人死刑的判言中总会说一句"秋后问斩"。为何封建社会会选择秋天处决犯人而非其他季节呢?这是有特殊原因的。

西汉儒学大师董仲舒在自己的著作《春秋繁露》中写道:"天有四时,王有四政,四政若四时……庆为春,赏为夏,罚为秋,刑为冬。"强调"任德不任刑""先德而后刑",所以宣扬要春夏行赏、秋冬行刑,违背天意上天就会降下灾异惩罚。

这种思想的根源是古时科学文化落后,无法正确解释自然现象和社会现象,认为由造世主支配万物,灾害、祥瑞等皆上天所赐,行为要合天意。春夏草木茂盛、生机勃勃,适合进行犒赏军队等热闹喜悦的事;秋天草枯叶落、一片萧条,适合进行处决罪犯等肃杀之事。此外,秋冬农民空闲,也方便地方官动员民众观看,借此让百姓畏惧,起到警示作用,从而巩固统治。

汉武帝独尊儒术后,"秋冬行刑"被载入律令制度化,后世朝代多依此执行。除谋反等大罪可立即处决外,一般死刑犯要等秋天霜降后、冬至前问斩。

黄色如何成为中国古代皇权的象征

在现代人眼中，黄色就是象征着皇权、辉煌和崇高，是皇家专用颜色，普通人敢用黄色就是犯了僭越之罪。很多与"黄"相关的词汇也与帝王、宫廷紧密相关，例如"黄屋"指帝王乘坐的车辇、"黄榜"是皇帝发布的文告、"黄门"是汉代专为天子服务的官署等。到了清朝，还出现了象征着特权与荣耀的黄马褂。

其实，与大多数人印象不一致的是，追溯历史，黄色并非一开始就拥有尊贵的地位。在西周、东周时期，天子尚赤，即隆重场合穿红色衣服（有时也穿黑色衣服、红色鞋子），驾车的是红色的马，饰品为红玉，用的弓称彤弓（红色的弓），重要的文书为丹书（用红色的笔书写）等。

秦朝统一六国后，秦始皇根据阴阳家的五德终始学说，认为周为火德，秦克周应属水德，配合水德的是黑色，故秦朝崇尚黑色，皇帝的衣服就是黑色，社会上也崇尚黑色。这个行为被称为"改正朔（即历法，是王朝政权的象征之一）、易服色"。

汉朝消灭秦朝后，皇帝主要还是穿黑色的朝服，文官穿黑衣、戴黑冠，武官穿红衣、戴黑冠。王莽推翻西汉、建立新朝后，认为新朝属土德，尚黄，因此，旌旗、节杖乃至官员冠帽后的貂尾都染成了黄色。到了东汉，光武帝刘秀认定汉朝为火德，应该尚赤，皇帝的朝服是玄色上衣、朱色下裳，也就是说黑色和红色各占一半。可见，黑色始终是汉朝皇帝衣服的主流颜色，黄色仅在很短的时间里得到过推崇。

曹魏消灭汉朝后，认为曹魏为土德，尚黄色，还把年号定为"黄初"。在后来的乱世中，那些短暂存在王朝有的尚赤（如蜀汉）、有的尚白（如晋）、有的尚青（如北齐）、有的尚黑（如北魏）……

隋朝建立后，隋文帝正式"定黄为上服之尊"，皇家器物等也一般都用黄色。但是隋朝并没有禁止官员和百姓穿用黄色，隋炀帝上朝时，他和大臣往往都穿着黄袍。

唐朝建立后，对黄色的尊崇也延续下来，宋朝王懋在《野客丛书·禁用黄》中的记载，唐高祖武德初年沿用隋制，天子常服黄袍，并禁止士庶穿着，从此黄袍成为皇帝专用之服。不过，此时皇帝的黄袍其实是赭黄色（即黄中带红，又称赤黄），禁止其他人穿的也是这个颜色，因此，官员、百姓们还是可以穿其他黄色的衣服。

唐高宗时，发生了官员穿着黄袍被当作普通百姓殴打的事，让皇帝意识到仅禁止赭黄色，还是容易出现服色相混的情况。于是，唐高宗下了严格的命令，禁止皇帝之外的任何人穿着黄色。自此，黄色被皇族所独享，成为封建帝王的专用色彩。

五代十国后期，赵匡胤"黄袍加身"，建立了北宋，黄袍成为政权的象征。元朝和明清两朝延续了对黄色的推崇，清朝时还把历朝推崇的赭黄色改为明黄色。紫禁城中琉璃顶是黄色、轿子是黄色、皇帝衣帽是黄色，乃至椅垫、茶具、碗碟全都是黄色。我们熟悉的黄色"龙袍"，也是清朝正式出现的。

为什么古人将黄色视为尊贵之色呢？学者提出以下几种看法：

中央之色说。古人认为天地万物是由金、木、水、火、土五种基本元素构成的，土居于中央，地位极其重要，因为它是承载万物生长的基础；黄色作为土的代表色，自然就被赋予了尊贵的含义，象征着中央的地位和对万物的主宰。此外，黄色也介于黑白赤橙之间，居五色之中，也是五色中最受尊崇的。

土地依恋说。华夏民族起源于黄土高原，靠土地为生，对黄土大地有着特别崇敬而依恋的感情，奔腾的黄河也是中国的"母亲河"，因此古人对黄色产生了由衷的景仰和崇尚。

吉祥颜色说。《周易·坤卦》说："黄裳，元吉。"古代无论是朝廷还是民间，都把好日子叫作黄道吉日。因此，古人推崇黄色也就不难理解了。

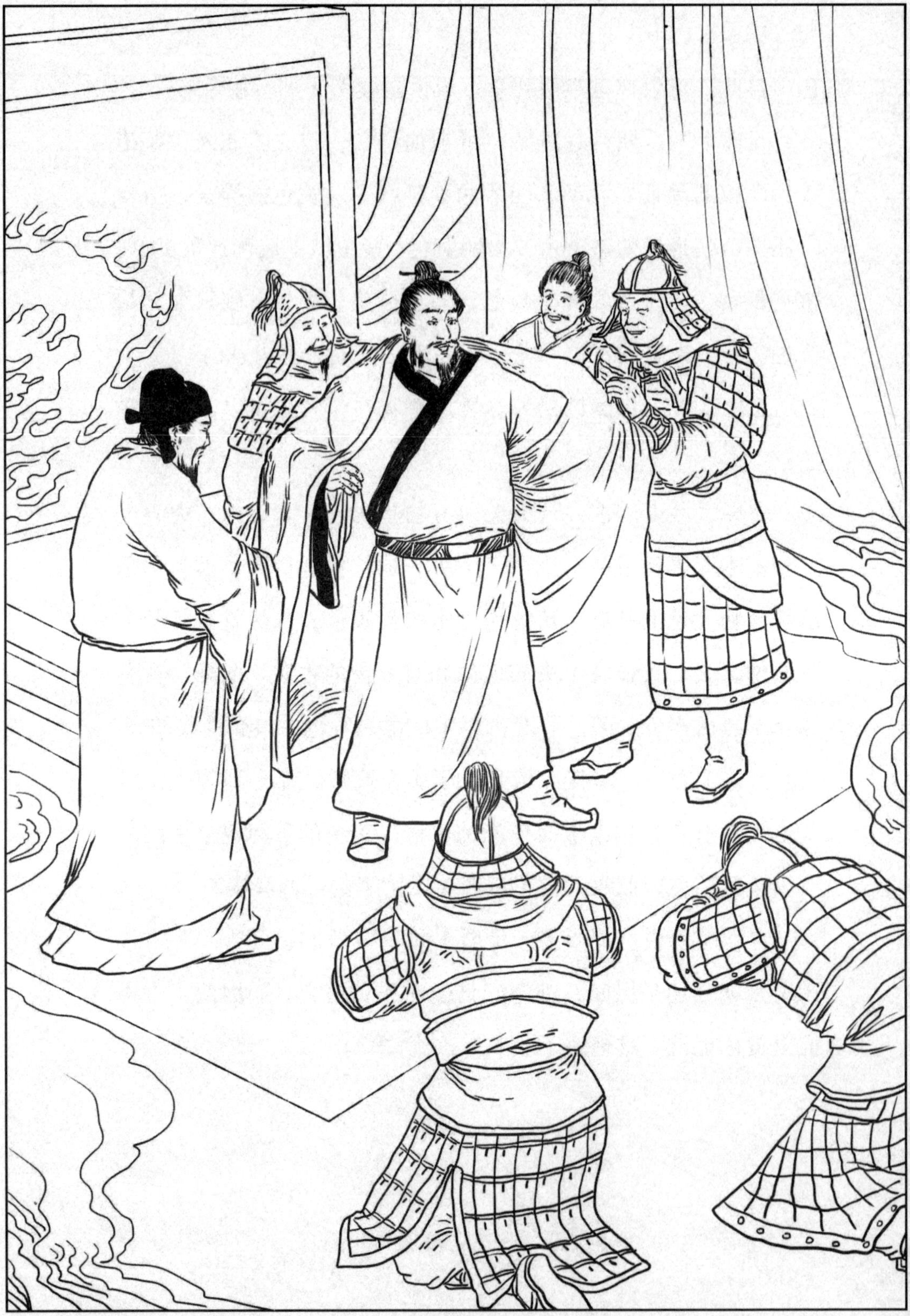

宋朝的官帽为什么长着"长翅膀"

在影视剧中出现的宋朝君臣，帽子都很独特，最显眼的是帽子两侧那两根长长的"翅膀"，还随着头的动作摇摇摆摆，看起来颇有几分滑稽。为什么宋朝的冠帽长着长翅膀呢？

根据流行的说法，这种官帽的设计者是宋太祖赵匡胤。据说，宋太祖黄袍加身，当上皇帝以后，手下的文臣武将大多都是他的同僚乃至旧友，没有习惯角色的转换。宋太祖在宝座上训话，大臣们就在一边交头接耳。宋太祖非常不满，于是心生一计，下旨设计了这种特别的帽子，两边长长的翅膀很显眼，一旦大臣们交头接耳，立刻就会被皇帝逮个正着。

这个故事听起来很有道理，实际上只是后人杜撰出来的，因为这种官帽并非北宋首创，而是延续并改良而来的。这种官帽叫作幞头，起初并不是帽子，而是一种包裹头部的纱罗软巾，最早起始于南北朝。因为通常是青黑色的，故此也叫"乌纱"，俗称"乌纱帽"。而帽翅的前身，就是用来在脑后打结的两根带子的剩余部分，被称为幞头的"脚"。

隋朝时，幞头不再是软巾了，而是增加了竹、木、金属等材质的框架，外形显得更挺拔。此外，也有人在幞头脚内增加了衬垫物，好让幞头整体显得硬挺。

唐朝时期，幞头更加盛行。初期盛行的是没有加衬垫物的幞头，称为软脚幞头。有人发现，幞头的脚比较长时，随风飘逸，显得非常潇洒。于是，幞头的脚越来越长。但是，到了中唐时，人们对长脚幞头"审美疲劳"了，幞头脚又开始变短，有的还将两脚反曲朝上，称为翘脚幞头。也有的将幞头脚插入脑后的结内，从侧面露出两个"兔耳朵"，非常俏皮。

为了适应各种新奇的造型，硬质幞头再度流行起来，还出现了穿脱方便、不用裹也不用系的硬裹硬脚幞头。这类幞头顶部为圆形，脑后的两脚呈"一"字或"八"字形展开，这就是宋朝官帽的雏形。这时的幞头脚，也完全失去了实用意义，仅剩装饰功能了。

五代时期，幞头的样式有直脚、交脚、曲脚、翘脚、朝天脚等，其中的直脚又名平脚或展脚，即幞头脚平直向外伸展，内部衬的是铁丝。五代的君臣戴的一般都是直脚幞头。据载，割据南方的南楚国君马希范为了突出自己的"不同凡响"，将自己的直脚幞头的两脚增加到一尺多长，号称"龙角"。

赵匡胤称帝后，顺应了时代潮流，把直脚幞头定为官帽，普通百姓就不能戴这样的幞头了。这样一来，"乌纱帽"也正式成为官员的象征。

中国古代有外卖吗

今天，外卖已经成为城市生活中不可分割的一部分，无数勤劳的外卖小哥奔走在大街小巷，把商家做好的热腾腾的饭菜送到饥肠辘辘的人手中。其实，"外卖文化"在古代也有雏形，虽然没有完善的外卖平台，但很早就有了类似的服务。

在唐朝时，出现了名叫"立办"的快餐。唐朝的笔记小说《唐国史补》中就记载了这样一件事：吴凑被任命为京兆尹，想要宴请自己的同僚。由于人数众多，他觉得有些苦恼。没想到，他到家推门而入时，发现桌子、椅子、美味佳肴都已经准备好了。原来，他的下属得知消息后，就让仆人们带着食具来到市场，带回"立办"店铺做好的饭菜，就算要弄三五百人之食也能迅速准备好。

如果说唐朝的外卖只是雏形，那么宋朝就出现真正意义上的外卖了。当时，饭馆的经营范围不限于本店之内，而是会送到附近人家的家中，甚至会送到更远的地方去。北宋后期画家张择端所画的《清明上河图》中，就出现了"外卖小哥"的身影。

当时的人们把点外卖叫作"索唤"，"外卖小哥"则被称为"闲汉"。他们通常会随身携带一个小板凳，坐在饭店门口等待一

会儿，饭菜做好之后就立马送给主顾。

南宋时期的笔记小说《三径野录》记载了苏州女子"叫外卖"的情景："吴中妇女骄惰，皆不肯入庖厨，饥则隔窗索唤，市食盈筥，至不下楼。"就是说，苏州的妇女饿了就在楼上开窗喊来"闲汉"，点好菜后等"闲汉"送到窗下，她们就用绳子系着篮子，将饭钱和"配送费"放在篮子里缒下去，再将饭菜提上楼，不用下楼就能吃到现成的饭菜了。

除了索唤，宋朝的外卖还有"逐时施行索唤"，也就是预约好送达时间的外卖；"咄嗟可办"，即一对一送餐。

到了明朝，各种小吃地摊盛行，他们也有外卖服务。商家会提前把饭做好，用扁担挑着沿街叫卖，有人呼唤就送上门去。他们服务的对象主要是普通百姓。而达官贵人或富豪家庭，则会派人到酒楼订餐，酒楼按时按量制作好后派人送上门去。有趣的是，明朝的外卖就叫外卖。清朝典型的外卖是"盒子菜"，里面往往是烤鸭、酱肘子、熏肉等熟肉食品。

古代"剩男剩女"竟然会被罚款

俗话说"男大当婚，女大当嫁"，有人觉得大龄单身是自己的问题，最多算"三姑六婆"的管辖范围，别人管不着。实际上，要是在古代，"剩男剩女"都违法了，一些时代还会被罚款。

《周礼》记载，先秦时期政府为了解决男女婚姻问题，每年都会为单身男女举行一次盛大的交往活动，叫"仲春会"，一般在阴历的三月初三。在这一天，大家一边踏青，一边谈情说爱。这时候，就算单身男女私定终身，甚至私奔，也不会受到惩罚。而那些拒绝参加仲春会的男女，则要受到惩罚，这就是《周礼·地官·媒氏》中写的："中春之月，令会男女。于是时也，奔者不禁。若无故而不用令者，罚之。"

到了汉朝初期，国家经历战争消耗，人口锐减，统治者希望通过女子尽早结婚生育，以增加人口数量，恢复国家的元气。于是汉惠帝下了一道诏书："女子年十五以上至三十不嫁，五算。"也就是说，女子如果年龄在15岁以上、30岁以下却没有出嫁的话，就要被收5倍的人头税。这可是一大笔钱，为了避免罚款，汉朝的早婚现象极为普遍。

在晋朝，女子到了17岁还没有嫁人，官府就要强行给她找对象，这就是《晋书·武帝纪》中说的："制女年十七父母不嫁者，使长吏配之。"这样的婚姻方式会带来多少悲剧不言而喻。

你是不是觉得这样太过分了？其实还有更严厉的。南北朝时，女子15岁不结婚便触犯刑律，其家人也要跟着坐牢。到了唐朝，男子超过20岁、女子超过15岁还没有婚配的，都要受到惩罚。

宋朝时期，文人地位较高，人们的婚姻观念也发生了一些变化，导致一些人晚婚，但国家为了促进人口增长，仍然对大龄未婚者进行干预。宋仁宗时将年龄进一步下降，规定男15岁、女13岁就需要婚配，超了年龄的话不仅当事人会被惩罚，家人也会被抓去坐牢。

古代人口稀少、人均寿命短、婴儿夭折率高，统治者为了维持政权，急需大量的生产力、劳动力，于是不择手段地催婚，使得早婚成为普遍现象。但是，十几岁的女孩身体还没发育成熟，如何承受得了生育之苦？因此，古代女子难产的死亡率极高。

总的来说，古代对"剩男剩女"进行罚款是出于国家对人口增长和社会稳定的考虑。这些措施在一定程度上促使人们尽早结婚生子，为国家的发展提供了人口基础。然而，随着时代的变迁，现代社会更加注重个人的自由和选择，人们在婚姻问题上有了更多的自主权。

"离婚协议书"起源于哪个朝代

夫妻感情破裂之后，申请离婚时需要自愿签署离婚协议书，以书面的形式对子女抚养、财产及债务处理等事项协商一致。出乎很多人想象的是，在男尊女卑的封建社会，也曾出现过类似离婚协议书的文书。

我国迄今发现最早的"离婚协议书"可能出现在唐朝。在敦煌出土的一份《放妻书》中，有"妻则一言数口，夫则反目生嫌。似猫鼠相憎，如狼羊一处"等文字，可见离婚的原因是双方感情已经完全破裂，不可调和。因此，他们决定"一别两宽，各生欢喜"。丈夫会提供"三年衣粮"给前妻作为赡养费，而且希望她尽快再找到一个如意郎君。

这份《放妻书》虽以男性为主，但女子的意愿也很重要。唐朝的婚姻法《唐律户婚》，对离婚有三项规定：协议离婚，即男女双方自愿的"和离"；仲裁离婚，指由丈夫提出的"出妻"；强制离婚，即夫妻凡发现对方有"义绝"和"违律结婚"就可离婚。可见，唐朝男女在婚姻问题上是相对自由的。

"千金"原本是用来指男人的

"千金"是对富家女或对方女儿的尊称。若有人家里诞生了一个女儿，我们就会祝贺他们"喜得千金"，意思是一个美丽伶俐的女儿，堪称价值千金。

其实，"千金"的"金"并非指金子，而是黄铜。古时黄铜极为稀少，正所谓"物以稀为贵"，且"金"又是当时重要的货币单位，所以"千金"实则为"一千斤黄铜"，这已经是一笔巨大的财富了。战国末年，秦国丞相吕不韦召集门客撰写了《吕氏春秋》，悬挂在城门之上，宣称有人能改动一字就赏千金，这里的千金就是指一千斤黄铜。

随着时间的推移，"千金"逐渐引申为"贵重、富贵"的意思，"一刻千金""一诺千金""一物千金"等均是此义，并开始用来指代人。"千金"最初是用于称呼男子的，据《史记·越王勾践世家》记载：范蠡辞官归隐后成了富商，他的儿子因杀人而犯了死罪，范蠡说："吾闻千金之子，不死于市。"意思是说富贵人家的子弟，不应让他在闹市被处死，故而用重金为其赎命。由此可见，在春秋时期，"千金"是对富家子弟的称呼。

到了南北朝时期，"千金"依然指代男子。如《南史·谢朏传》中记载了一则小故事：南朝梁司徒谢朏幼年聪慧，10岁便能赋诗，深得父亲谢庄喜爱，常将他带在身边。他也颇为争气，人们都称他为"神童"。有一次，谢朏跟随父亲以及当时的宰相王彧等游山，父亲命谢朏作游记，他提笔即成，文不加点。王彧对着谢庄夸赞谢朏："贤子足称神童，复为后来特达。"意思是谢朏日后定会发达，谢庄也得意地手扶儿子的背说："吾家有千金。"

在一段时间里，"千金"一直是对男子的称呼，直至元朝才出现变化。元朝曲作家张国宾的杂剧《薛仁贵荣归故里》中有这样一句话："小姐也，我则是个庶民百姓之女，你乃是官宦人家的千金小姐，请自稳便。"可见，最晚在元朝，人们已经开始把女子称作"千金"。明清时期的一些拟话本和小说里，将年轻女子称为"千金"已经极为普遍。如《红楼梦》第五十七回，薛姨妈笑说史湘云："真是个侯门千金。"《镜花缘》第十三回中也说："据这诗句看来，此女实是千金小姐。我今给你十贯酒资，你也发个善心，把这小姐放了，积些阴功。"

当然，明清时期的"千金"依然是对豪门家族的女儿的尊称，今天只要是女孩儿就可以称"千金"，不得不说是时代的进步。

"衣冠禽兽"原本是夸人的

提及"衣冠禽兽"一词,恐怕鲜有人会对其有好感,通常这个成语是用于形容道德败坏之人,指某些人虽有人的外表,身着人的衣物,却做出禽兽不如的恶劣行径。

实际上,该成语的原意并非如此。"衣冠禽兽"源自明代官员的服饰,那时"衣冠"作为权力的象征,备受统治阶级重视,官服上有一块绣花的布,叫作"补子",上面绣有飞禽走兽,用以区分文武官员的等级。《明史·舆服志》记载:"文官一品仙鹤,二品锦鸡,三品孔雀,四品云雁,五品白鹇,六品鹭鸶,七品鸂鶒,八品黄鹂,九品鹌鹑;武官一品、二品狮子,三品、四品虎豹,五品熊罴,六品、七品彪,八品犀牛,九品海马。"

只有官员能够身着描禽画兽的官服,享受特定待遇,自然与平民百姓不同。所以,"衣冠禽兽"曾是褒义词,蕴含着老百姓的羡慕之情。其作为贬义词,最早见于明末陈汝元所著的《金莲记》:"人人骂我做衣冠禽兽,个个识我是文物穿窬。"因明朝中晚期,官场腐败,文官贪财、武将惧死,欺压百姓、无恶不作,老百姓将身着官服之人视作匪盗瘟神,于是"衣冠禽兽"一词开始带有贬义。

古代"跳槽"并非换工作

"跳槽"一词,意思是牛马等牲口,离开原本所在的槽头,去别的槽头吃食。因其新颖、活泼、俏皮,广受当今年轻人的青睐,所以被用来描述更换工作单位。然而在元明时期,"跳槽"是江淮城镇中的妓院暗语,颇为不雅。

清代文学家徐珂《清稗类钞》介绍道:"原指妓女而言,谓其琵琶别抱也,譬以马之就饮食,移就别槽耳。后则以言狎客,谓其去此适彼。"意思是妓女抛弃相熟的嫖客,转投他人,犹如马儿换槽吃草。后来也指嫖客抛弃相熟的妓女,转而去找别的妓女。

明代文学家冯梦龙所编的民歌集《桂枝儿》中,就有《跳槽》一曲,代青楼女子哀唱道:"你风流,我俊雅,和你同年少,两情深,罚下愿,再不去跳槽。"晚清吴语小说《海上花列传》中也出现了这个词语:"耐也勿要瞒我,耐是有心来哚要跳槽哉!阿是?"

由此可见,"跳槽"原指风月场所男女另觅新欢。"跳槽"一词近百年间由吴语传入广州方言,最早或许只是嘲讽换工作或职业者,现在大家已经习以为常,原意尽失。

车裂并非五马分尸

车裂是一种惨绝人寰的酷刑,就是把人的头和四肢分别绑在五辆车上,分别向五个不同的方向拉,将人撕裂为五块。战国时期杰出的政治家商鞅,在秦国推行变法,改变了秦国落后的面貌,但也触动了旧贵族的地位与利益,从而遭诬陷而被施以车裂之刑(一说商鞅是战死之后,尸体被车裂)。

古人向来秉持"身体发肤,受之父母"的观念,因此一旦获罪,常苦苦哀求"全尸"。而车裂之刑不仅使人身首异处、四肢分离,而且让受刑者肉体承受极大痛苦,精神上也备受折磨。

人们普遍认为,车裂就是五马分尸,毕竟五辆车上需要套上马匹朝不同方向拉扯。不过,历代史籍都没有"五马分尸"这个名称。史书上记载的吴起、李斯、赵高等人,其死法各不相同,吴起被乱箭射死,李斯被腰斩,赵高被戈矛等刺死,但均有他们被车裂的记载。

有人推断,车裂是指用刀斧肢解敌人或罪犯的尸体,并非将人活活撕裂。那么这个"车"字可能不是指马车或牛车,而是某个古体字在字形演变过程中产生讹误,"车裂"可能是用利器肢解的意思。

第十章
DISHIZHANG

争论不休的千古谜团

秦始皇的十二金人哪儿去了

公元前221年,秦始皇结束了分裂割据的战国时代,建立了我国古代第一个统一的专制中央集权王朝——秦王朝。秦朝"书同文,车同轨",统一度量衡,还收缴天下兵器铸成十二个重千石的铜人立于咸阳阿房宫前,因铜为黄色,被称作"金人"。秦朝时一石约30公斤,十二金人重36万公斤左右。

根据资料记载,这些金人均为空心,下有底座,气势恢宏、制作精巧,高三丈(约8米),一说为五丈(约14米),都呈坐姿,身着外族服装(故又称十二金狄),正面和背后刻有铭文。铭文内容乃丞相李斯所撰,大将军蒙恬所书,规格极高。

关于十二金人的下落,一般认为毁于董卓和苻坚之手。西晋文学家潘岳的《关中记》中说:"董卓坏铜人,余二枚,徙清门里。魏明帝欲将诣洛,载到霸城,重不可致。后石季龙徙之邺,苻坚又徙入长安而销之。"就是说董卓将十个铜人销毁铸钱,剩下两个被迁走。后经辗转搬运,最终被前秦皇帝苻坚销毁。

不过,也有人比较乐观,说十二金人和大量珍宝一起被当作秦始皇的随葬品葬于陵墓中。总的来说,十二金人的下落至今仍是未解之谜。

《兰亭序》是否藏在唐太宗的陵墓里

《兰亭序》号称"天下第一行书",是东晋书法家、"书圣"王羲之的代表作,书法技艺行云流水、出神入化,文章内容也逸趣无穷。被后人视为"尽善尽美"的书法作品。遗憾的是,《兰亭序》真迹早已失传,其下落扑朔迷离。珍藏在故宫博物院的"神龙本"《兰亭序》,据称是唐朝书法家冯承素的摹写本。

那么,《兰亭序》的真迹可能会在哪儿呢。多数学者认为,答案与唐太宗李世民、唐高宗李治这父子二人密切相关。

据称,王羲之是在醉酒之中写的《兰亭序》,酒醒后自己也非常惊异,又写了几次,但总不如第一次写得飘逸。因此,"初版"《兰亭序》就成了王家的传家宝,一直传到了王羲之的七世孙智永手中。智永幼年即出家,没有子孙,于是将《兰亭序》传给弟子辨才和尚,那时已经是唐朝初年了。

唐太宗李世民文武双全、酷爱书法,对王羲之的笔墨更是钟爱,于是广泛搜其真迹,得之则珍藏临摹。《晋书·王羲之传》末尾的"论",就是唐太宗亲自撰写的,盛赞王羲之"所以详

察古今，研精篆素，尽善尽美，其惟王逸少乎！"认为王羲之是古今第一书法家。不过，唐太宗虽然收藏了不少王羲之的墨迹，却始终未得《兰亭序》真迹，为此闷闷不乐。

据传，唐太宗听说《兰亭序》真迹在辨才和尚手里之后，三次召见他，但辨才将《兰亭序》藏了起来，谎称已经亡佚。太宗性格开明，不愿用强，但又对《兰亭序》念念不忘。于是，宰相房玄龄推荐风雅之士萧翼去"智取"《兰亭序》。

萧翼是南朝梁皇族后裔，家学深厚，诗赋书法无一不通。他此时在朝廷担任监察御史，接到任务后，伪装成一名书生来到辨才所在的越州（今浙江绍兴）永欣寺借宿。辨才是一名文雅的诗僧，萧翼故意用琴棋书画等话题与他交流，两人越谈越投机，萧翼就屡次到寺院中来找辨才。有一天，萧翼带来好酒、美食，与辨才共饮，辨才对他已毫无戒心，再加上酒后得意忘形，将藏得严严实实的《兰亭序》拿出来炫耀。萧翼趁机偷走了《兰亭序》，献给了唐太宗。

唐太宗大喜过望，重赏了萧翼和房玄龄，也赏赐了辨才。接着，命许多书法家摹写《兰亭序》，将拓本当作珍贵的物品赏赐给太子、诸王、近臣等，真迹则放在自己的床边，随时欣赏。太宗临终时，唯恐太子李治不让自己将《兰亭序》"带走"，再三叮嘱乃至恳求，李治则遵从父愿，将《兰亭序》真迹葬入昭陵。

以上故事虽然传奇色彩浓重，但在盛唐时代就开始流传，具有一定的可信度。也有人认为，萧翼并不是用骗和偷的方式得到《兰亭序》的，而是"求"来的，即按照唐太宗的要求去了辨才所在的越州，说明皇帝对《兰亭序》的渴求之意，辨才就将《兰亭序》给了他。总之，《兰亭序》落入唐太宗之手是确定无疑的。

根据《新五代史·温韬传》记载，唐帝诸陵在五代时被军阀温韬掘开了，昭陵也没能幸免，墓中的钟繇和王羲之真迹经过了200多年，依然纸墨如新。有人推测，《兰亭序》在此时已经重见天日了。北宋笔记小说《画墁集》里记载，北宋元丰年间，有人曾宣称自己得到了《兰亭序》真迹，准备献给宋神宗换个官职。得知神宗已经驾崩，他随手把《兰亭序》卖了。这就是最后一个提到《兰亭序》下落的古代记载。

不过，有人认为温韬盗掘昭陵，虽然发现了王羲之书法，却未指明有《兰亭序》，因此《兰亭序》真迹可能仍在昭陵隐秘处。还有人认为，《兰亭序》根本不在唐太宗的昭陵，而在唐高宗的乾陵。温韬挖了唐朝十八座皇陵中的十七座，唯独前往乾陵时遇风雨无功而返，因此很多人相信《兰亭序》在乾陵之内。

总之，《兰亭序》真迹下落众说纷纭，已经成为一个后人津津乐道、讨论不休的谜团。或许只有昭陵、乾陵发掘时，才能知晓《兰亭序》真迹是否真的不知所终。

武则天为什么要立无字碑

乾陵是唐高宗李治和女皇武则天的合葬墓,是唐朝十八座皇陵中保存最完好的一座。人们参观乾陵时,最关注的往往是武则天的"无字碑"。

高宗和武则天的合葬墓前,西侧是武则天为高宗立的述圣纪碑,有她撰写的碑文,还涂有金粉,至今部分文字仍在阳光下金光闪耀;东侧就是"无字碑",由一整块石头雕琢而成,碑额无题名,碑上有螭龙、升龙图、狮马图及花草纹饰,却未刻一字,与高宗的述圣纪碑形成了鲜明对比。

史书记载,乾陵的选址、设计以及营建,都是在武则天的指导下进行的。而且,无字碑与述圣纪碑一东一西、相互对应,也应该是同时竖立的。

武则天为何立此"无字碑",引发了诸多猜测。

其一,武则天可能想夸耀自己的功德太过崇高,已经无法用文字来表达了。的确,她执政近50年,致力于推行改革、加强科举、奖励农桑等,使社会经济稳步发展,史称有"贞观遗风",为"开元天宝盛世"的出现奠定了基础,是一位颇具才能的统治者。

其二，有人认为武则天自知罪孽深重，故而不写碑文。武则天为了上位，曾残杀王皇后、萧淑妃，为了权力任用酷吏、鼓励告密、杀戮李唐皇室，而且她生活奢靡、浪费钱财。正因如此，她在晚年主动去帝号，仍称太后，并不在自己的碑上刻字。

其三，武则天或许想让后人来评判她的功过是非。她自负有才能，且对社会发展有贡献，但也知道自己的作为必然会广受争议。因此不在碑上刻字，而是让后人自由评价。

其四，武则天去世后，其子唐中宗李显不知该称呼母亲"先帝"还是"太后"，干脆就立无字碑。

其五，武则天生前已经拟好了碑文，交给了唐中宗。但武则天去世前，张柬之等人发动了"神龙政变"，逼迫武则天退位。即位的中宗或许因政局动荡无暇让人为母亲铭刻碑文，或许对母亲心怀怨恨，因此不愿为武则天歌功颂德，于是就立了无字碑。碑的阳面有刻好的方格，可承载3000多字，可见当初可能确实拟好了碑文。

其六，武则天离世后，朝中君臣上下对如何撰写这位复杂的先帝的碑文而争论不休，未有定论，碑便一直空着了。

其他的猜测还有不少，总的来看，"无字碑"之谜似乎永远无法解开了，但始终引发后人的遐想与探讨，为乾陵增添了神秘色彩。

宋太祖赵匡胤猝死之谜

公元 976 年，北宋的开国皇帝宋太祖赵匡胤猝然驾崩。在此之前，并没有他患重病的记录，且他死后也出现了一些离奇的事件，因此他的死就成了离奇悬案，至今争论不休。

《宋史》中并没有提及赵匡胤的死因，只是简略地记载"癸丑夕，帝崩于万岁殿，年五十"，随后由他的弟弟晋王赵光义继位，就是宋太宗。

野史记载则要生动得多，而且富有戏剧性，但是真实性就要大打折扣了。北宋僧人文莹撰写的笔记小说《湘山野录》记载，农历十月里的一个雪夜，赵匡胤急召弟弟赵光义入宫，二人于寝宫对饮至深夜。其间，宦官和宫女都被屏退了，他们远远看到房间内烛影摇曳，赵匡胤不知说了些什么，赵光义则屡次离席，做出推辞、不敢当的动作。等他们喝完酒后已经是三更了，赵匡胤用柱斧（用水晶做成的小斧头，可充当拐杖）刺雪地，笃笃有声，还说着"好做，好做"（一说为"好为之"）。接下来，赵光义就回到了自己的府邸（一说留宿在皇宫内），次日赵匡胤就猝然死去，赵光义则受遗诏在灵前继位。

这个故事不明不白、语焉不详、扑朔迷离，似乎在说赵匡胤有意将皇位传给赵光义，但赵光义表示了推辞，用意是在为宋太宗开脱，强调他继位的合法性。但是，这个故事依然没有说赵匡胤的死因，留给后人的反而是更大的想象空间。

司马光《涑水纪闻》里记载，赵匡胤是在四更去世的，宋皇后得知消息，让内侍王继恩去请赵匡胤的幼子赵德芳，因为赵德芳虽然不是她所生，但母子关系很好。谁知，王继恩却找来了赵光义。宋皇后知道大势已去，只得同意奉赵光义为帝。

王继恩怎敢违背宋皇后旨意，不去传赵德芳而传赵光义？若事败，他将大祸临头。这不得不让人怀疑，他可能提前与赵光义有所勾结，两人甚至有可能提前就知道赵匡胤会死。

不过，也有人认为王继恩的行为有"金匮之盟"作为后盾，所以才有恃无恐。据史书记载，杜太后去世前，命令赵匡胤立下盟誓，将皇位传给弟弟，盟书在一个金色的柜子里，这就是金匮之盟。但是，金匮之盟的真实性也饱受质疑。

赵光义继位之后的作为，也是遭受质疑的重要原因。他逼杀了赵匡胤存世的长子赵德昭，赵德芳也不明不白地暴病身亡。这些行为被一些学者解读为赵光义"做贼心虚"所为。但是，要说赵光义杀死了哥哥赵匡胤，也是毫无史料支持的。真相如何，只怕很难找到答案了。

元代皇帝为什么没有陵墓

每个封建王朝的皇帝死后都留下了皇陵，例如秦始皇陵、汉武帝的茂陵、唐太宗的昭陵、明十三陵、清东西陵等。但是，元朝皇帝却没有留下一座陵墓。

根据明朝笔记小说《草木子》的说法，成吉思汗的棺木下葬后，用万马踏平，不留下任何标记。为了日后识别墓葬地，在那里杀死一头小骆驼，母骆驼就会记住这个地点。第二年想要祭祀时，就牵来这头母骆驼，到达杀死小骆驼的地点母骆驼就会流泪。这个用骆驼识别墓地的说法是很荒谬的，因为骆驼的寿命是有限的，母骆驼去世了该怎么找呢？

其实，薄葬简丧是蒙古人的丧葬传统。他们没有固定的居所，一切秉承简单实用原则，其中也包括丧葬习俗。元朝皇帝统一全国后，受到了汉人丧葬习俗的影响，但还是坚持薄葬。

他们选择的墓地位置人口稀少，当地仅有的人口也要迁移走；下葬过程中不能有汉族官员参加，也不会在地面上建设大规模的建筑物，例如功德牌坊和墓碑等。为了避免被盗墓贼发现线索，对外宣称皇帝遗体运回漠北下葬……总之，元朝皇帝不是没有陵墓，而是没有被发现。

建文帝的下落到底是怎样的

建文帝朱允炆，是明太祖朱元璋的孙子、太子朱标之子。朱标早逝后，朱允炆被册封为皇太孙。朱元璋驾崩后，朱允炆即位，年号建文。

建文帝为消除藩王对中央皇权的威胁，采纳心腹大臣齐泰、黄子澄等人的建议，决定削藩。他先从实力较弱的周王、齐王等五王下手，将他们废为庶人，或流放，或软禁。湘王不肯受辱，举家自焚。燕王朱棣为自保，经过一番准备后，以"清君侧，靖国难"为借口发动了叛乱，史称靖难之役。

战争初期，朝廷大军屡屡取胜，但性情庸懦、缺乏谋略的建文帝昏招迭出，而燕王却是久经沙场的将领。经过4年的残酷战斗，燕王率军攻入了当时的都城南京。不久，燕王称帝，即明成祖。

至于建文帝的结局，众说纷纭，成为明史第一谜案。

据《明史》记载，燕王大军入城后，满朝文武纷纷投降。建文帝见大势已去，下令焚宫，火光冲天，他携皇后马氏、太子朱文奎跳入火中自焚。燕王见宫中起火，急忙命人抢救，可惜为时已晚。

然而，很多人都相信建文帝未死，而是逃出了南京。据说，燕王围城时，建文帝命太监放火烧宫，自己化装为僧人，带着太子、亲信等通过密道逃走了。燕王攻入皇宫后，搜寻建文帝下落，太监、宫女迫于压力，谎称建文帝已自焚，并指认几具尸体是建文帝、皇后和太子，但火中尸体已面目全非，难以辨认。

当时就有人宣称，建文帝离开南京后，乘船去了海外，这消息自然也传入了明成祖耳朵里。只要建文帝还活着，就是对明成祖皇位的巨大威胁。据载，明成祖派心腹宦官郑和率领庞大的船队下西洋的目的之一，就是寻找建文帝的下落，但并没有找到相关线索。

又有人说建文帝在某地当了僧人。于是，明成祖又派出心腹大臣胡濙，十余年的时间里在各地搜寻建文帝的下落。胡濙寻找的结果如何，除了明成祖没人知晓。

那么，如果建文帝真的逃出去了，他到底去了哪里呢？有人说他去了苏州的一所寺院，有人说他去了贵州安顺的一所寺院……除此之外，还有湖北、福建、云南等地的说法，综合起来达到数十种。

还有人认为，建文帝确实逃到了海外，只是郑和没有发现罢了。但是，也有人坚持认为建文帝确实死在了皇宫的大火之内。总之，朱棣即位后下令搜寻建文帝是历史事实，但建文帝的真正下落至今仍是未解的历史之谜。

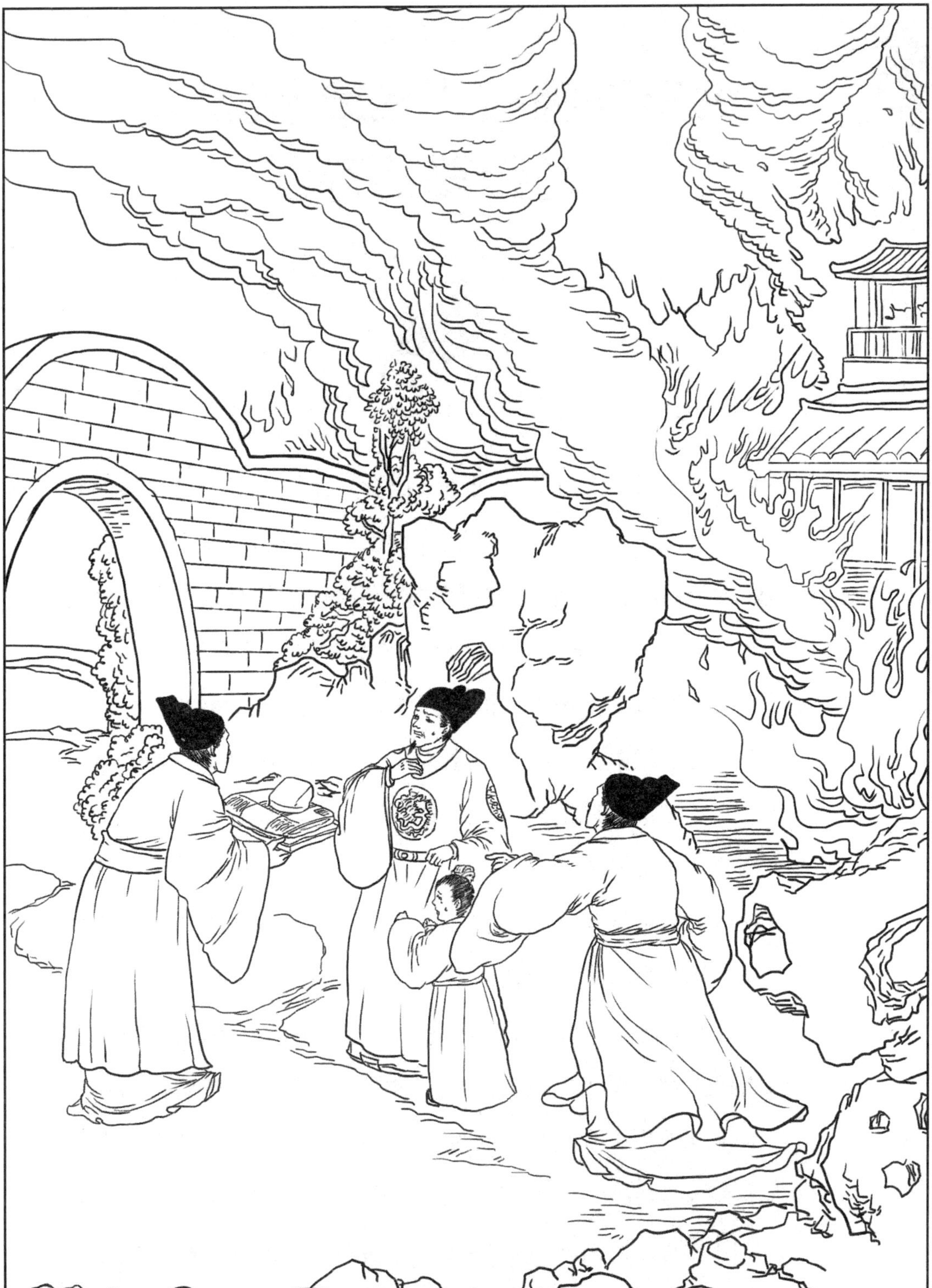

太平天国的"圣库宝藏"是否真的存在

关于太平天国宝藏的传闻由来已久,众说纷纭。这些传闻主要源于太平天国起义时的"圣库制度",该制度要求"人无私财",所有参与起义者将财产上缴,所得财物均存入"圣库",起义军的吃穿用度都由圣库承担。太平天国起义历时16年,夺取了数百座城市,圣库中的财富积累自然极为巨大。

然而,圣库中到底有多少金银财宝,已无从得知。根据潜伏在天平军中的清政府间谍张继庚所写的信件记载,太平天国占领南京时,圣库中有1800万两白银,但随后迅速减少。这主要是因为当时太平天国大兴土木修建天王府,且王侯将相生活奢靡,导致财富大量消耗。

天京(即南京)被清军攻陷后,太平天国的巨额财富消失,有人猜测是被"天王"洪秀全藏起来了。但湘军统帅曾国藩掘开洪秀全墓地后,发现他并无陪葬物品。有民间说法称曾国藩私吞了宝藏并烧毁了天王府以毁灭证据,但真相不得而知。

民国时期,民国政府曾根据一位湖南老人的指认挖掘太平天国宝藏,但一无所获,百年传闻至今未解。

为什么有人认为三星堆是外星文明

三星堆被称为20世纪最伟大的考古发现之一,留下的谜团很多,例如是谁创造了这一文明?古人是如何造出这些精美的文物的?这些造型奇异的青铜面具、青铜立人、青铜神树等到底有什么象征意义?

三星堆出土的文物造型奇特,与人们传统认知中的中国古文化存在较大差异。例如,青铜面具上夸张的眼睛、硕大的耳朵和前凸的双眼等形象,与常见的中国古代文物形象截然不同,有人大胆提出:三星堆是外星文明!

三星堆文物的制作工艺水平高超,超出了当时古蜀国的工艺水平。特别是青铜器,其铸造技术和造型艺术都达到了极高的水平。一些人便认为只有外星文明才拥有如此先进的技术。

然而,这些推测和猜测都缺乏确凿的证据支持。考古专家通过研究和比对认为,三星堆文明是中国独特的区域性文化,是古蜀人智慧和创造力的结晶。随着考古研究的深入和更多文物的出土,相信三星堆文明的真实面貌会逐渐展现在世人面前。

盛极一时的楼兰古城因何消失

楼兰是中国古代西部的一个小国。根据《史记》记载,楼兰在公元前3世纪建立国家,先后受月氏、匈奴统治。张骞出使西域后,丝绸之路开辟。楼兰位于丝绸之路的要冲,扼守着东西方交通的咽喉,繁荣的商业为楼兰带来了巨大的利润。楼兰人生活富足,来自中原和西域的文化在这里交汇,使得楼兰的精神文明也很发达。不过,随着汉王朝的衰落,楼兰逐渐与中原失去联系。

到了东晋时期,高僧法显前往天竺(今印度)取经,经过楼兰时,这里已是"上无飞鸟,下无走兽,遍及望目,唯以死人枯骨为标识耳"。原来,繁荣一时的楼兰城已在4世纪末前后就废弃了。此后的楼兰,就只存在于诗歌里了,例如"黄沙百战穿金甲,不破楼兰终不还""愿将腰下剑,直为斩楼兰"等。

20世纪初,瑞典探险家斯文·赫定率驼队考察罗布泊时发现了一个古国遗址,通过找到的简牍和残纸等,他发现这里就是在历史上赫赫有名后又销声匿迹的楼兰!经过长期的考察研究，楼兰古国的神秘面纱逐渐被揭开。但是，它为何会消失，依然是一个未解之谜。

有学者认为交通路线变化是主因。西汉时楼兰是丝绸之路上的交通枢纽，担负着"负水担粮，送迎汉使"的重任，无与伦比的交通地位给楼兰带来了繁荣。但是，后来高昌局势稳定，成为西域门户，经过高昌的道路取代了楼兰之路，楼兰失去交通枢纽地位，就逐渐衰落了。

有人推测是战争因素所致。楼兰古城位于丝绸之路的交通要冲，是兵家必争之地，战争频繁。长期的战争破坏了城市的基础设施，造成了大量的人员伤亡和财产损失，使得楼兰的经济和社会发展受到了严重的影响。可能在一次惨烈的战争后，楼兰古城被敌人侵入，居民逃往他方，古城很快走向了衰亡。

也有人认为，河流改道，使得人们因缺水放弃了楼兰。社会发展使人们对水资源利用加大，而塔里木河改道后，位于塔里木河水域的楼兰受影响最大，失去水资源的绿洲必然衰亡。

还有一种观点是楼兰毁于洪水。楼兰的迅速发展使得大量树木被砍伐，加上战争、人口增加等因素导致林木采伐过度，自然环境被破坏，水土流失使河道、湖泊淤积。楼兰城地势与水的关系特殊，可能是罗布泊湖水抬升、周边地壳下沉，河流注入致使古城毁灭。

无论楼兰因何成为废墟，其灿烂文化都留在人们的追忆中，而保护环境的启示也值得铭记。

传国重器九鼎
真的还在水下吗

相传大禹治水成功之后,将天下划分为九州。他接受舜的禅让,成为天子,命令九州贡献青铜,铸成了九个大鼎。每个鼎代表一个州,绘制有该州的物产和风貌等。从此,九鼎成为中国历史上最著名和最重要的青铜礼器、镇国之宝。

夏朝灭亡之后,九鼎落入商朝统治者之手;武王伐纣,得到了九鼎,传说每个鼎集齐9万人才运到了周朝都城。这当然是夸张的说法,但也从侧面显示出九鼎是巨大的。

秦灭周之后,据说就把九鼎迁到了咸阳。秦始皇统一天下后,九鼎已经下落不明了。传说九鼎落入了彭城(今江苏徐州)泗水之内,秦始皇曾派千人下水寻找,却没有找到。

此后,九鼎就彻底告别了历史舞台。有学者质疑,历史上并没有存在过九鼎;也有人认为,九鼎不是大禹时代铸造的;还有人认为,九鼎只有一个,因为刻有九州风物而称九鼎。

总之,如果九鼎真的还在水下,或埋在地下,等其出现之日,一切谜团方能揭晓。